新商业模式

商业模式迭代和爆发的底层逻辑

李永洲◎著

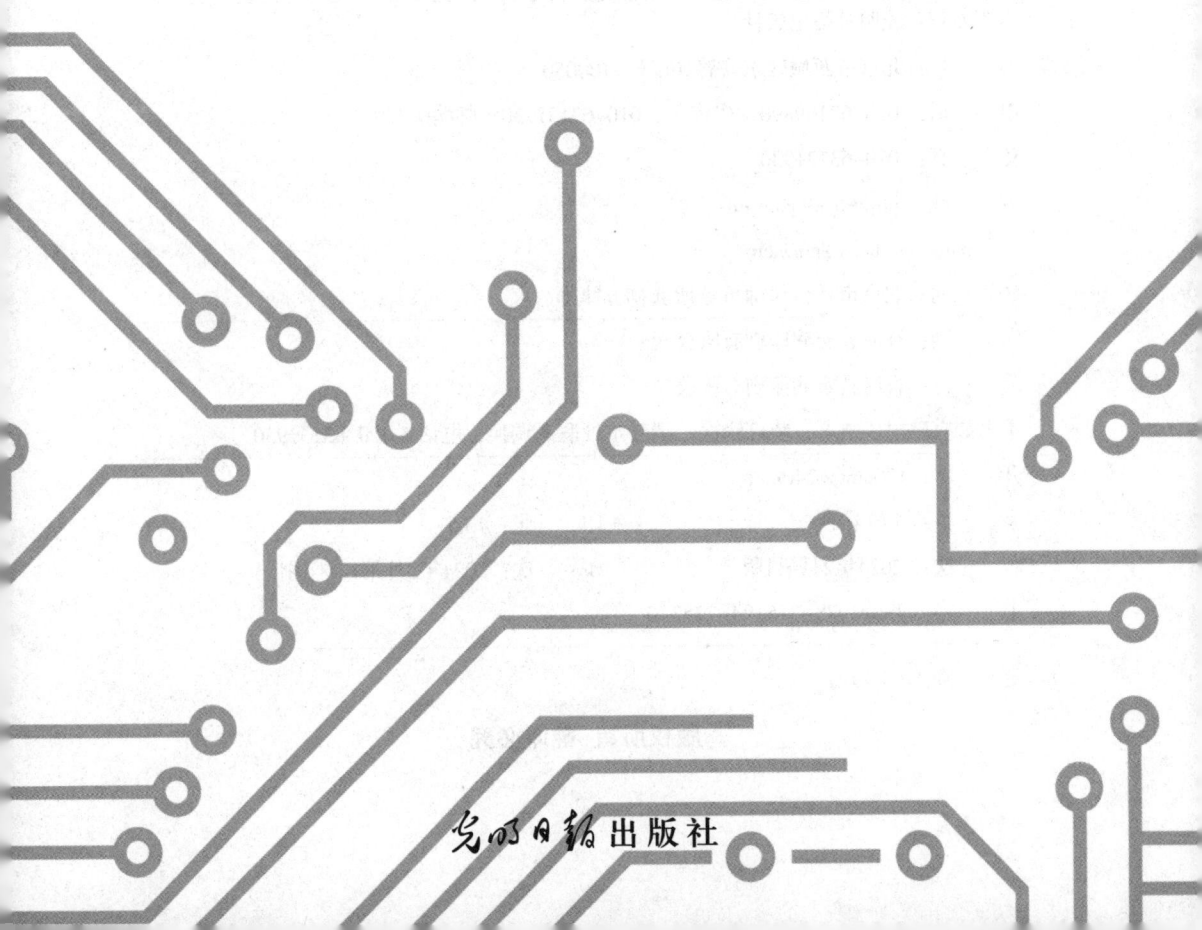

光明日报出版社

图书在版编目（CIP）数据

新商业模式：商业模式迭代和爆发的底层逻辑 / 李永洲著. -- 北京：光明日报出版社，2024.2

ISBN 978-7-5194-7753-0

Ⅰ.①新… Ⅱ.①李… Ⅲ.①商业模式—研究 Ⅳ.①F71

中国国家版本馆 CIP 数据核字 (2024) 第 009829 号

新商业模式：商业模式迭代和爆发的底层逻辑
XINSHANGYE MOSHI：SHANGYE MOSHI DIEDAI HE BAOFA DE DICENG LUOJI

著　　者：李永洲	
责任编辑：许黛如	策　划：张　杰
封面设计：回归线视觉传达	责任校对：曲建文
责任印制：曹　诤	

出版发行：光明日报出版社

地　　址：北京市西城区永安路106号，100050

电　　话：010-63169890（咨询），010-63131930（邮购）

传　　真：010-63131930

网　　址：http://book.gmw.cn

E－mail：gmrbcbs@gmw.cn

法律顾问：北京市兰台律师事务所龚柳方律师

印　　刷：香河县宏润印刷有限公司

装　　订：香河县宏润印刷有限公司

本书如有破损、缺页、装订错误，请与本社联系调换，电话：010-63131930

开　　本：170mm×240mm	
字　　数：170千字	印　　张：13.5
版　　次：2024年2月第1版	印　　次：2024年2月第1次印刷
书　　号：ISBN 978-7-5194-7753-0	

定　　价：68.00元

版权所有　翻印必究

自 序

我是一位极度乐观主义者，每天清晨起床的第一件事就是在朋友圈发新闻早班车，向世界问候"早安"，这已经成为我生活的一部分。工作二十多年来，我始终坚持两点，一是自律及勤奋。生活从来都不容易，但信念很重要，逆境是成功者的必经之路。二是成为一道光。努力让自己成为灯塔，这就要求我们学会孤独，在勇于尝试新事物的同时，更加努力学习，越挫越勇最终成其伟大。我始终相信，"向善""利他"是所有商业的本源，内心追求"真、善、美"，加上"智慧"的加持，成功就是自然而然的事情。

过去十几年间，众多互联网企业异军突起，让"商业模式"成为一个时髦的词语。特斯拉、字节跳动、小米……"年轻""飞速增长""天花板高"成为这些企业共同的标签。那么它们是如何成功的呢？我始终认为，这些企业的成功除了"科技向善"之外，更多源于商业模式创新的成功，它们的发展速度体现了商业模式引发的成长潜力。

世界级管理大师彼得·德鲁克告诉我们，企业之间的竞争就是商业模式的竞争。商业模式的创新会释放出巨大的商业价值和力量，但时至今日，仍然有很多企业领导或管理者不知道如何进行商业模式设计。

其实，只要我们认真梳理一下创业者的故事就能发现，有些创业者之所以坚持了一段时间就失败了，一方面是客观的原因。比如，2021年的"双减"政策及2023年10月15日起国家发出的全面禁止补课的规定，让教育行业经历大洗牌，不少培训机构纷纷转向。另一方面则是主观原因。比如，企业领导不善于商业模式的顶层设计，思维依然停留在传统的生意模式上，仅靠赚点差价谋生。市场经济发展到今天，这种简单赚差价的运营模式已经不再具有优势，企业必须利用多种商业模式来武装自己，让竞争对手毫无模仿的可能。更加重要的是，好的商业模式可以帮企业创造源源不断的现金流，让企业永不差钱。

新制度经济学的鼻祖罗纳德·科斯曾说，"以与众不同的方式参与竞争"，关键就在于商业模式的创新。与现在的购物平台、支付平台等商业模式相比，新商业模式已经实现了从商品到货币闭路循环的转变，提高了商品、货币的流通速度和效率。公众或实体只要在平台注册开户，就可以变零星为整体，进行无障碍全方位买卖，创造价值和购买力，实现购买由被动到主动的转换。

寻找新的商业模式是新经济学原理的作用之一。新商业模式产生的理论基础是买卖创造价值，价值等于货币；而新商业模式的技术基础是互联网技术，如今区块链技术正不断加速成熟，颠覆人的认知，不同的业态催生新商业模式场景不断涌现。有了这样的理论基础和技术基础，新商业模式也将慢慢向我们走来。未来5~10年必然会出现突破性进展，迎接我们的必将是一个全新的时代。

但不管任何时候，人都要有敬畏之心。

任正非是一位优秀的企业战略家和创新者。他始终保持着对产品创新、技术创新的敬畏之心，追求产品的"完美主义"及管理"灰色理论"，攻克一个个"卡脖子"的关键技术，推出一系列工匠产品，赢得消费者的敬佩。周恩来是伟大的马克思主义者，中华人民共和国的开国元勋之一。他始终都对共产主义精神和信仰充满敬畏之心，勤奋工作，严于律己，关心群众，被称为"人民的好总理"。他的崇高精神、高尚品德、伟大风范，感召和哺育着一代又一代人。达·芬奇在画作中充分体现了对大自然的敬畏之情，始终认为，对空气、水、日出、日落、星星、宇宙等超出人类力量和智慧的事物，都应给予赞美和表示敬畏。

何为"道"？何为"术"？就到本书中一起去寻找答案吧！

李永洲

2023年11月于深圳

前言

商业模式是对所有要素的集成游戏

管理大师彼得·德鲁克曾说过:"当今企业间的竞争,不是产品之间的竞争,而是商业模式之间的竞争。"其实,从本质上来说,商业模式就是一群利益相关者投入自己的资源能力,形成一个交易结构,而后在结构内持续交易,创造出新的价值,最后由各方按照一定的盈利方式去分配所创造的价值。如果分到的价值超过了各方投入资源能力的机会成本,那么这个交易结构就会越来越稳固。

如今,业界非常流行的商业模式当属九要素模型,由亚历山大·奥斯特瓦德、伊夫·皮尼厄在《商业模式新生代》中提出。简单来说,商业模式可以回答以下几个问题:

你的客户是谁?他们是如何细分的?——客户细分

你和客户的关系是怎样的?——客户关系

你通过什么渠道能找到客户?——渠道通路

你可以为客户提供什么价值?——价值主张

前言

你通过哪些关键业务给客户提供价值？——关键业务

你的核心资源是什么？专利、土地，还是人才？——核心资源

你的合作伙伴都有谁？——重要伙伴

你的收入源于哪里？——收入来源

你的成本结构是什么？——成本结构

商业模式贯穿于企业资源开发、研发模式、制造方式、营销体系、市场流通等各个环节，而这些环节无论是哪一个环节的创新，都有可能成为一种成功的商业模式。其实，所谓商业模式的创新，就是"建立一种新的生产函数"，将生产要素进行重组，把"新组合"引进生产体系中，重新组合生产要素或生产条件。

移动互联网时代巨头，除了互联网企业，很多传统企业也在布局自己的商业模式。互联网时代的企业，必将是社群化的，要么自己就是平台，要么自己"长"在平台上。也就是说，企业需要拥有庞大的用户量。用户释放了需求后，还要引入若干的资源供给方，并获取来自第三方的收益。甚至当生态收益足够大的时候，还可以把卖硬件的收入降到最低，甚至免费。同时，用户也能获得平台上的若干第三方提供的产品和服务。

1987年，美国纽约大学宗教历史系教授詹姆斯·卡斯（James P. Carse）编写了《有限与无限游戏》（*Finite and Infinite Games*）。他在书中写道："世界上至少有两种游戏，一种可称为有限游戏，另一种可称为无限游戏。有限游戏以取胜为目的，而无限游戏以延续游戏为目的。"商业模式的创新其实做的就是无限游戏。举个简单的例子，修建一座小花园，

花园里种有花花草草、绿植和松柏，为了做好维护，需要投入大量的精力，不然时间久了就会荒废。反之，在亚马孙的原始森林里，即使人们不投入精力去干预，各类植物依然能活得很好，万世不竭。有限的游戏，参与者在界限内游戏；无限的游戏，参与者与界限玩游戏。可见，唯有无界，万物才能生生不息。

同样，企业和组织只有不断地进行要素组合，找到新的商业模式，才能适应不断变化的市场。企业不仅要能成功地拆解市场要素，还要能对市场要素进行重新组合，并让组合后的要素以低成本发力，而这也是企业持续发展的秘密。

目 录

第一部分　商业模式的新逻辑和旧套路

第一章　取胜一定有方法 / 2

新商业模式成功者的共性 / 2

新商业模式成功者的个性 / 10

商业模式即战略落地系统 / 18

数字智能时代的商业模式再设计 / 21

模式创新者都是孤勇型企业家 / 26

坦然接受旧模式的消亡 / 31

第二章　用户互动迭代是新商业模式的灵魂 / 36

用户不是王，是一个战壕的亲兄弟 / 36

"先跑通，再做大"的新商业模式哲学 / 41

在用户社区里"泡"出痛点和需求 / 45

把资源赋能给优秀到卓越的人 / 49

用户价值创造永远是核心 / 53

构建创新到价值变现的时空隧道 / 56

第三章 "赋能型互动"重构商业模式 / 58

赋能服务流程正在替代产品流程 / 58

共同演化的生态圈商业模式 / 65

以定价权为目标重构企业品牌价值链 / 68

赋能用户，传统产业一样可以风生水起 / 73

赋能伙伴，强大者都是联盟经济 / 78

将赋能和互动贯穿一切商业活动 / 82

第二部分 商业模式设计和实战流程

第四章 平台和生态圈商业模式 / 90

基于核心竞争力的平台整合模式 / 90

将不可替代性视为演化进步的准绳 / 95

轻资产可以整合重资产的模式设计 / 98

孵化器和赛马机制主导的模式设计 / 104

第五章 云经济模式和云智能模式 / 108

数据服务商正在赢得商业未来 / 108

纵横整合产业的云经济模式 / 116

低成本平替模式的战略构成 / 120

云智能模式是未来企业的进化方向 / 124

赋能企业，云智能模式让万物智能得以发生 / 128

第六章　个人主权经济和区块链模式 / 140

区块链组织对于公司模式的再改造 / 140

超级个体模式＋公司模式 / 142

企业建立的根本是模式创新 / 145

基于贡献获得权益的全球透明协作模式 / 149

第七章　传统企业的模式创新之路 / 154

传统企业基于数字生态的数字化之路 / 154

创作者经济引领国潮商业崛起 / 161

垂直场景和区域小平台模式设计 / 164

传统企业的"专精特新"模式 / 168

第三部分　用新商业模式获取明天的利润

第八章　新商业模式需要敢为人先的领军者 / 174

创业者需要设计全球商业模式 / 174

面向时代问题的集成创新模式 / 178

越是动荡时代越要回到基础 / 182

第九章　商业模式转型的过渡步骤 / 185

由外而内设计商业模式 / 185

从经营效能管理过渡到用户赋能管理 / 189

转型过渡期可能足够长 / 192

一次使用，终身吸附的强势商业模式 / 196

涨价，脱离性价比苦海 / 199

后 记 / 203

第一部分
商业模式的新逻辑和旧套路

第一章 取胜一定有方法

新商业模式成功者的共性

在这个世界上,很多企业不是依靠产品赚钱的,而是靠商业模式。比如滴滴,虽然一辆汽车都没有,却是最大的出租车公司;美团一家饭店都没有,却是最大的餐饮连锁店。

创业做生意,岂能不懂商业模式?时代华纳前首席执行官迈克尔·恩说:"在经营企业的过程中,商业模式比高技术更重要,因为前者是企业能够立足的先决条件。"成功的商业模式不一定是在技术上的突破,还可能是对某一个环节的改造,或对原有模式的重组、升级,甚至是对整个游戏规则的颠覆。

这里给大家分享几个成功盈利的商业模式,希望对大家有所帮助。

案例1："滴灌通"

如今，很多企业面临融资难的问题，传统的银行贷款需要提供抵押担保，审批过程复杂，滴灌通的出现，为一些中小企业解决了难题。

"滴灌通"这个名字源于以色列的滴灌农业技术，由港交所前CEO李小加与东英金融集团创始人张高波合作创立，可以帮助餐饮、零售等门店筹集资金。

滴灌通采用DRC（"Daily Revenue Contract"的简称，即每日收入分成合约）模式，这里其中一项模式，店主既不需要提供抵押担保，也不会稀释股权，更没有对赌和附加条件，只要有需要，完全可以通过滴灌通获得资金。方法很简单：客户先将老店的未来应收账款打折转让给滴灌通，滴灌通向客户支付对价；然后，滴灌通根据约定，从客户老店收入分成回款，客户只要转让未来应收账款收到的对价用于开新店即可。

滴灌通不会干预门店经营，资金通过结账系统自动扣款，即使门店倒闭，也不会留下债务。

滴灌通让急需资金周转的小微企业看到了希望，仅用了几个月的时间，就得到知名投资机构青睐。2021年11月完成5000万美元A轮融资，2022年3月完成7000万美元B轮融资，2023年8月完成4.58亿美元C轮融资，已然发展成一家"独角兽"企业。

案例2：再生银行

"再生银行"是美国一家垃圾回收公司，创始人是罗恩·高南。该银行构建了一个全新的垃圾回收商业模式，将居民、商家和政府都拉进了交易链。居民将垃圾投入专门的垃圾桶，每月可以从"再生银行"获得积分，在指定商家消费时，就能获得优惠；商家不仅能获得更多消费者，还能建立良好的社会形象；政府则可以节省大笔处理垃圾的费用。

资料显示，美国仅 2007 年每人每天就会产生 2.1 千克垃圾。以费城为例，每年居民会制造 75 万吨垃圾，为了处理垃圾，市政府需要支付 4000 万美元。2003 年，罗恩·高南说服费城市长同意由"再生银行"处理全市的垃圾，政府每年补助 1200 万美元。另外，变卖可回收垃圾的收入，两者平分。

"再生银行"会向居民免费提供垃圾桶，供居民投放可回收利用的垃圾。垃圾桶的底部装有 RFID（通过射频信号自动识别目标对象，并获取相关数据的技术）标签，记录该户居民的数据信息。

垃圾回收车的尾部同样装有 RFID 检测装置，在垃圾回收箱被清空时，会自动获取居民的 ID 号码。同时，垃圾回收车会自动提起垃圾箱。而提升设备上的吊杆装有称重标尺，可以为回收废物称重。RFID 装置记录并存储相关数据，最后通过"再生银行"系统转化为居民积分。居民投放的可回收垃圾越多，获得的积分就越多，每月最多能获得 420 个积分，每年最多能获得 5040 个积分。另外，回收手机等电子废品或参加其他回收活动，还能获得额外积分。居民拿这些积分在指定商店消费时，可以享受折扣优惠，比如，可口可乐、卡夫食品等。

该模式将政府、居民、商家和"再生银行"巧妙地拉进了同一个利益共同体，实现了多方共赢。"再生银行"在美迅速发展，2年不到便获得了4000多万美元的风险投资，其现已将业务扩展到了纽约州、宾夕法尼亚州、弗吉尼亚州、新泽西州等6个州的70多个地区。

所谓商业模式，是指为了实现各方价值最大化，把能使企业运行的内外各要素整合起来，形成一个完整的、高效率的、具有独特核心竞争力的运行系统，并通过最好的实现形式来满足客户需求，实现各方价值，同时使系统达成持续盈利目标的整体解决方案。

新商业模式创建成功者通常都具有这样几个共性。

1. 模式内含创新精神

新商业模式创建成功者注重创造新颖的商业模式、产品或服务，能够突破传统的经营思维，满足市场上的新兴需求。这种创新主要体现在四方面，如表1-1所示。

表1-1 创新体现及说明

创新体现	说明
各类资源	为了提高商业模式的创新能力，新商业模式创建成功者会创造性地利用现有资源开展商业模式创新活动。而资源重组能力、资源重置能力等都对商业模式创新具有显著的积极影响，组织内部丰富的财务资源支持了改进创新商业模式所需要的投资。总之，商业模式创新投入与企业创造性组织可用财务资源的能力有关，而所需资源不限于财务资源，还包括人力资源、管理资源、产权资源、品牌资源和战略资源等

续表

创新体现	说明
战略导向	在战略导向的指引下,新商业模式创建成功者会开展适当的商业模式创新活动,创造独特的价值主张,提高业务流程的效率,改善企业的盈利模式,形成难以被竞争对手模仿或超越的核心竞争力。第一曲线的成功会蒙蔽成功者的双眼,让他们对潜在的新技术和新市场视而不见,从而让他人抢占先机。企业在"第一曲线"到达巅峰之前,找到带领企业二次腾飞的"第二曲线",企业永续增长的愿景才能实现。在商业模式创新过程中,新商业模式创建成功者会以市场为导向,提高企业对客户偏好、产品替代品和互补品的认识与理解,并将客户价值建议与竞争优势结合起来。同时,新商业模式创建成功者还会增加组织的技术或知识库,提高其发现具有商业价值的新知识组合的能力
技术创新	在技术的推动下,新商业模式创建成功者会倾向于通过革新产业技术构建高效率交易网络,创造用户价值,并进一步优化与拓展产业生态系统,推动商业模式创新
核心团队	在企业家精神方面,新商业模式创建成功者本身在商业模式创新的早期阶段至关重要,不同维度的企业家精神也影响着新商业模式创建成功者创建商业模式的创新水平。高管及其团队对商业模式创新的推进具有积极作用,这样的高管一般具有前瞻性和敏锐性的战略眼光与忧患意识,并将之贯穿于商业模式创新过程的始终

2.商业和技术双引擎驱动模式

新商业模式创建成功者往往具备较高的科技储备,擅长应用科技手段提高产品或服务的质量,优化用户使用体验,并保持竞争优势。

新商业模式创建成功者掌握着新知识的动态,了解哪些知识可被接受并可应用,评估其可能对现有的科技带来的影响,并着手将其转化为科技、工艺和产品。他们不仅了解自己所在领域的科技，还知道重大的科技突破往往起源于一个与旧技术的知识基础不同的科学或知识领域。

在推动科技进步方面，新商业模式创建成功者对科技有良好的"感觉"，对知识真正感兴趣的企业领导往往比在科技领域受过高度训练的专家做得更好，而后者很可能被自己所掌握的先进知识束缚。

新商业模式创建成功者知道，科技发展既为企业提供了机遇，也为企业带来了责任。这意味着，他们已经认识到以下三方面的事实。

（1）科技发展并不神秘。新商业模式创建成功者知道，科技的发展并不神秘，它是可以被理性预期的，也需要被理性预期。因此，他们需要掌握科技的发展动态，至少了解科技变革在经济方面可能对哪些领域产生重大影响，以及如何将科技变革转化为经济成果。

（2）科技的发展与业务发展有关联。新商业模式创建成功者知道，科技发展与业务运行并不是分离的，不能以当前的方式对科技进行管理。无论"研发"部门或从事研究的实验室扮演什么角色，企业都要被建设成一个有创新能力的组织，能够进行科技方面的创新与变革。

（3）新商业模式创建成功者关注科技对个人、社会和经济造成的影响。新商业模式创建成功者更加关注科技对个人、社会和经济造成的影响和后果，就像关注自身行为所造成的其他影响和后果一样。这不是在谈论社会责任，也不是在探讨对社会上发生的事情承担的责任，而是对自身行为所造成的影响必须承担的责任。

3. 模式自主和价值观内化

许多新商业模式创建成功者都是自主创业，他们拥有清晰的愿景和目标，坚定地走自己的路线，并在创业初期愿意承受风险。

创造愿景是成为一流领导者的重要组成部分，它涉及领导者的远见卓识，能够将组织或团队的愿景转化为现实。新商业模式创建成功者一般都具备超越常规的洞察力和前瞻性，能够为组织创造一个激励人心的愿景，激励员工为实现这一目标而不断努力。

（1）会明确组织或团队的使命和目标。新商业模式创建成功者会深入了解组织或团队的业务模式、核心竞争力和未来的发展方向。基于这些信息，再定义一个鼓舞人心的愿景，一个长期的、有吸引力的、可实现的目标。

（2）新商业模式创建成功者会向外寻找灵感。新商业模式创建成功者会积极寻找灵感，从外部世界获取新思维和创新理念，使自己的愿景更加广阔和具有前瞻性。他们会借鉴其他组织的成功经验，学习其他行业的最佳实践，也会参与相关领域的研究和活动，积极跟踪市场和技术趋势。

（3）新商业模式创建成功者会激发员工的创造力。新商业模式创建成功者会与员工密切合作，激发他们的创造力和创新意识，帮助员工理解组织的愿景和目标，从而在工作中实现这些目标。他们鼓励员工提出自己的想法，激励他们的自主性和创造性，同时确保他们的行动与组织的整体目标相一致。

4.快速响应用户和数字智能化能力

新商业模式创建成功者比传统大企业更容易适应市场变化，并能够快速做出决策以及调整战略方向。

决策力是判断一个领导者是否优秀的重要指标，而一个高效的决策，往往要涉及四个要素，具体如表 1-2 所示。

表1-2 决策力要素及说明

要素	说明
及时决策	如今是信息时代，也是大数据时代，内外环境纷繁复杂，需做出决策的情景非常复杂。而新商业模式创建成功者即使是在信息不足、时间紧迫或高压状态下，也能做出正确决策，只要捕捉到任何一点商机，就能快速果断决策
权衡利弊	新商业模式创建成功者能够权衡各种关系和利弊，从一大堆方案中挑选出相对满意的一个。这个决策可能不是最优决策，很多事情也难以十全十美，但只要是符合主客观情况的整体决策，就是成功的决策
理性分析	为了实现目标，新商业模式创建成功者会运用科学的理论和方法进行科学、系统的分析与思考，排除各种主观因素的影响，做出理性、合乎科学及运作规律的决策
果敢坚定	商业模式创建成功者决策时必须有胆识和魄力，不犹豫，具有"敢为天下先"的精神。他们能力排众议，冲破阻挠，认清关键工作所在，然后迅速而合理地做出正确决定

5.社交网络模式叠加商业目标

新一代新商业模式创建成功者善于利用社交媒体等渠道建立广泛的

人脉关系，之后借助这些关系获取资源、推广品牌，以及更好地了解市场和行业动态。

6. 接纳商业模式导入的过程性

新旧商业模式的变革，有些企业可能在短期内就能够完成，但有些企业需要数十年才能够完成变革，要明白这跟行业内在规律有很大的关系。

新商业模式成功者的个性

新商业模式成功者的关键能力，是基于一种企业家的"精明"，理解战略目标和眼前资源的局限性。因此，无论什么样的个性，都有一个独特能力，那就是懂得激进和平衡的关系。具体表现在以下几方面。

1. 主动引入模式和自我驱动力

主动创造的新模式、被动引入的商业模式都是跟随者的游戏。新商业模式成功者会主动进行商业模式变革，非常自豪地追求成功，并会投入大量时间和精力来实现目标。

比如，福州的朴朴超市。

2016年6月，朴朴电子商务有限公司（简称朴朴）在福州市台江区注册成立。其采用"纯线上+前置仓"的商业模式，主打生鲜产品的30

分钟即时配送，品类包括：水果蔬菜、肉禽蛋奶、粮油调味、酒水饮料、休闲食品、个人护理、化妆品、清洁用品、日用百货等，SKU 达 5000 余个。用户只要通过 APP 选购商品，足不出户，就可以在手机上随时随地购买到日常生活所需。

经过短短五年多的发展，朴朴的业务范围就已覆盖福州、厦门、深圳、广州、武汉、成都、佛山等多个城市，员工超过 33000 人，服务用户近 3000 万次，成功跻身即时电商企业"第一梯队"。2019 年 10 月获得 B2 轮 1 亿美元融资。"朴朴"成功的秘密主要在于以下三点。

首先，快。朴朴超市把自己定位为 30 分钟快速配送的线上超市，还跟顾客保证："下单 30 分钟内，肯定把货送到。"为了储存货物，"朴朴"在居民区附近建立了大型前置仓，每个前置仓都能完全覆盖 1.5 千米内的顾客，顾客刚下完单，可能洗个碗的工夫，货就送到家门口了。

其次，便宜。即使是 1 元钱的商品，朴朴也配送。新用户只要在朴朴 APP 或小程序里消费 1 元钱，就能立刻获得 188 元钱的豪华大礼包，而且只要满 19 元钱就可以免去配送费。就这样，靠着低门槛、大量撒券的土豪气息，"朴朴"很快就收获了一大批死忠粉。

最后，贴心。每次送完货后，"朴朴"的骑手都会贴心地问顾客一句："需要帮您把垃圾带下去吗？"这样一句看似不经意的话，会像一缕暖风一样飘到人的心尖上，让人不自觉地就为"朴朴"心动。而有的骑手为了方便装垃圾，还自掏腰包购买了大号垃圾袋。

此外，在供应链上，"朴朴"主要采取两种途径供货：一是由大中型农业公司直供；一是产地直采，保障了生鲜产品的安全、高品质及价格实惠。

这种新的商业模式，坦率地说，10年前是无法想象的，但现在成了商业的常态。

2. 独立性和反依附思维

商业模式成功者通常不喜欢被束缚在传统的企业文化中，更喜欢具创新性和独立性的工作方式，对于短期舒服但长期失去竞争力的商业模式保持警惕。

从寂寂无闻到家喻户晓，从小小的网站一路高歌猛进，到最终走向全球，成为今天短租市场的超级"独角兽"，爱彼迎只花了十几年的时间。

2007年夏天，26岁的布莱恩·切斯基从艺术学院毕业，跟好友乔·杰比亚一起来到旧金山合伙创业。但创业的过程并不顺利，最后他们甚至连房租都无力承担。

走投无路之际，切斯基和杰比亚发现当地正在举办一场国际设计展，世界各地人士纷纷涌入，所有酒店都被抢购一空，很多参会人员都找不到住宿的地方。他们突发奇想，创建了一个网站。然后，在自己租住的公寓放了3张充气床垫，租给前来开会的人，每晚收费80美元。就这样，他们收获了第一桶金。

在共享经济还没有流行起来的年代，几个初出茅庐的小伙子就这样埋下了"共享住宿"模式的种子。2008年，切斯基和杰比亚邀请哈佛大学毕业的软件工程师、好友内特·布莱查奇克加入。之后，三人依靠互联网，打通了短租客、民宿和房东三者之间的关系，合力搭建了帮助房东与房客相互沟通的开放平台——爱彼迎。之后，在资本的助力下，爱彼迎商业模式不断优化，成长为今天的住宿业大佬。

对于住宿业来说，爱彼迎的共享经济业务模式以低价高品质解决了行业痛点。爱彼迎邀请旅行者、酒店与房东个人入驻，在平台上整合了全球海量的分散住宿资源，为房东、酒店与租客的交易提供安全保障等服务，在为房东和酒店解决了空置率高、入住率低等问题的同时，爱彼迎也满足了租客多样化的住宿需求。

不需要购买房产，也无须自己寻找房源，这种轻量化的商业模式让爱彼迎得以快速发展，使它在面对变幻莫测的市场环境时，表现出了足够的韧性和强大的适应力。

爱彼迎迎合了新一代消费力量的生活方式，给用户带来了美好体验。2016年，爱彼迎正式将触角延伸至房源之外，在全球范围内推出了成千上万个本土化体验项目。爱彼迎鼓励租客参与瑜伽、陶艺等项目，吸引租客参与社群活动。在更加亲密的情感链接中，爱彼迎培养出了具有高黏合性的用户群体。

针对年轻人爱分享的特质，爱彼迎鼓励用户记录和拍摄自己到各地旅游住宿的经历和照片，并将他们分享到平台上。爱彼迎的这种商业模式，让用户的每一场旅行都被转化为生动的故事。"四海皆可为家"的归属感，不仅在现实中贯穿了每一名旅行者的旅途，而且也同时吸引了更多热爱旅行的人加入旅行的行列。

在数字化商业模式中，成功的企业往往能够重构产业价值链，将供应模块化并掌握需求，创造良性循环，催生新需求和新供给。爱彼迎是颠覆式创新的一个优秀案例，它从旅游市场未被满足的住宿需求出发，为用户提供高性价比和高体验的出租房源，凭借优秀的用户体验和用户信任建立了良好声誉，不断地向市场上游的中、高端商务乃至超高端奢侈领域发展。

3. 探索性和试探性前进能力

新商业模式创建成功者喜欢冒险并承担风险，在挑战失败时也能妥善处理，不会等到尘埃落定才开始行动，而是在"试一试，马上办"的行动哲学的指导下，在实践中获得书本上学不到的真知识，建立独特的认知链。因为在每一个新商业模式的背后，本质上都有一条"知行合一"和不断丰富的实战认知链条。

企业采取新商业模式不会只求安定，会以持续增长为目标。新商业模式创建成功者会带着"危机感"进行经营，而不是在"不安"的情绪下进行经营。他们勇于尝试，不畏失败。要做的只有一件事，就是筹划各种解决问题的方法并付诸行动，如果不行就绞尽脑汁想下一个对策；他们总是寻找下一次机会，困难在他们面前就不值得一提。

"从一开始就向往稳定的公司是不可能获得稳步发展的"，这是事物的本质问题。经营者追求稳定的想法，会导致经营的失败。新商业模式创建成功者时刻以远大的、别人认为不可能实现的目标要求自己，并在行动中绝不妥协，不放弃，打破常规，实现真正的创新。

经营者就是为了在当下和未来都能够实现成果最大化而存在的。为了完成这个职责，即使冒风险，新商业模式创建成功者也会大胆果断地去挑战应该挑战的事，勇往直前，直到取得成果。

4. 成功的商业模式依赖韧性组织和韧性性格

卡耐基说："人在身处逆境时，适应环境的能力实在惊人。人可以忍受不幸，也可以战胜不幸，因为人有着惊人的潜力，只要刻意发挥它，就一定能渡过难关。"

面对挫折时，商业模式成功者能够冷静地思考解决问题的方法，并继续前行。例如，星巴克创始人舒尔茨，拜访了242位投资人和投资机构，都被拒绝了，在第243次拜访时，他成功融到了资金。普通人只要连续失败三次，就会将自己归类为失败者，而优秀的创业者往往会经历无数次的挫折与失败。对他们而言，失败是成功的必经之路。

熬得住出彩，熬不住出局。一步步越过泥泞，跨过逆境，人生所能抵达的高度与厚度才会非比寻常。比如，美团创始人王兴就值得我们借鉴和学习。

2004年，王兴租下一套房子，跟两个朋友一起创业。王兴建立的第一个社交网站项目是多多友，但用户极少。三个人每人每月拿着千元的薪资撑了一年，快撑不下去时，他们发现了脸书的存在。靠着多多友积累的运营经验，王兴意识到了社交的价值，于是决定照搬脸书，上线校内网。

为了融到资金，王兴他们三人自掏腰包投入数十万元，人均负债几十万元，但最后还是没能融到钱。后来，为了还债，王兴无奈将这个项目卖给了千橡网的陈一舟。

之后，王兴参照美国推特，成立了饭否网。该网站上线不足两年时间，就拥有了百万用户。他们照此预计，几个月后网站必将火爆。但经历几个月的艰苦运营后，饭否网并没有出现预期的火爆，反而还因对一些信息处理不当而被一夜封站。屋漏偏逢连夜雨，被王兴与饭否网一同推出的海内网，虽然在刚成立时获得了超高的媒体关注度，但这个创意很快被其他创业者效仿。在竞争对手的乘胜追击下，海内网很快便被淹没在同类网站竞争的大潮中。

经历了校内网、饭否网创业失败，很多人以为王兴会因此消沉，但他却越挫越勇，继续走在创业的路上。

2009年，王兴带领团队干起了美团。美团的办公室里贴了一张海报，上面写着："饭否，I'll be back。"随着阿里、腾讯、新浪等巨头纷纷涌入战场，美团以最佳的状态参与了这场"千团大战"。经过一番搏斗后，美团终于成为赢家，发展为拥有员工数万、价值过千亿元的巨无霸企业。

每一个创业者都会经历人生低谷，有的人可能再也爬不起来，但王兴却透过失败看到了更远的目标，捕捉到了时代的机遇，最终触底反弹，实现了人生的逆转。他深深明白：面对逆境，要么被逆境控制，要么掌控逆境。失败者沉没的只是项目，而不是人生，只有一步步磨炼自己的抗挫能力，才能熬过去每一次的风雨交加。

5. 商业模式推广需要强大的公众沟通能力

商业模式成功者会将自己的模式创造力和想象力变成一种公众游戏，让用户信服，他们善于表达企业产品和行为的意义，借助媒介的影响力引起大众的共鸣。

沟通在所有场景下都非常重要，但在职场中，由沟通产生的问题尤其多。

有这样一个笑话：如果你是一名咨询公司的人员，怎么做才能谈成合作？答案是：告诉你对接的公司的老板，"你们公司的沟通存在很大的问题"。只要说出这句话，所有的老板都会说"对"，然后就能顺利签单。因为几乎所有公司管理上的问题和痛苦都来自沟通。

鲁迅先生讲过一句话："当我沉默着的时候，我觉得充实；我将开口，同时感到空虚。"这句话体现了语言的遮蔽性。语言是没法完全表达我们的情感的。表达不准确，听的人更会选择性地接受，所以很多时候"沟通"这件事是非常困难的。

正是因为这个原因，很多500强企业会花大量时间做标准化培训，要求员工的沟通标准化。管理者并不是在针对个人，而是想要对工作负责。在工作优先的前提下，员工更愿意心平气和地与管理者讨论问题。

商业模式即战略落地系统

很多人都喜欢谈论各种各样的商业模式,并喜欢比较它们的优劣。事实上,没有更好的模式,只有更好地执行。商业模式是一种"落地学问",如果没有经过实践的检验,就无法展现其优势。就像有人说过的一句话:"科学需要落地,落地才能成为一项技术,技术才能为人所用。"

古代有一个谋士,他有许多常人所不曾想到的点子。为了将自己的才能展示出来,他向一位将军毛遂自荐,希望能够成为一个军事参谋。将军问他:"你有什么特殊的本领,拿出来给我瞧瞧?"

谋士从地上捡起一根树枝,然后在地上不慌不忙地画起来。他画了一幅交战地图,然后开始分析战术。他套用"孙子兵法"的计谋,晓之以理、动之以情,深入浅出地阐述出"克敌制胜"的战术。

将军听了之后,非常惊讶,便问:"你的这些理论都是从哪里学来的?"

这个人回答道:"我喜欢读书做研究,很多理论都是自己领悟的。"

看到他善于思考,非常有见解,将军便把他留下,让他做了军事参谋。

几个月后,一场蓄日已久的战争拉开序幕。谋士提供了策略,将军认可他的主张,提前几天就做好了排兵布阵的工作,只等敌人出兵。敌方似乎也有"必胜之信念",为了一举撕破战线,主动出兵攻击其薄弱点,希望把对手打个措手不及。

敌方的这个举动正中谋士的下怀,结果进入一支潜伏队伍的包围圈,形成了一个"瓮中捉鳖"的阵势。当敌方意识到自己遭遇埋伏而打算撤退时,为时已晚。

将军这方大胜,军队士气高涨。将军知道,胜仗源自谋士的精心策划,便赏金一百两给谋士。谋士非常谦虚,说:"将军,我只是展示了一个想法而已,而您和您的士兵才是落实谋略的人。如果没有你们,想必我的谋略只能沦为笑柄。"

看到他谦虚恭谨,将军更加重用他。后来,这个谋士一直给将军出谋划策。将军相信他,都按照他的计谋布局。虽然偶尔也会打个败仗,但与胜仗相比,实在不算什么。

谋士为这支军队立下赫赫战功,被将军推荐给统帅。统帅非常高兴,称谋士是一位不可多得的人才。

这个故事表面是在讲"人",实际上是在讲"事"。古人有句话:"谋事在人,成事在天。"谋事有两个要点,即"谋"和"事"。"谋"就是谋划、谋求,或策划一种"模式";"事"就是做事、从事,将前面的"谋"落实下去。只有"谋"而没有行动,也只能永远停留在"谋"的位置,或仅仅只是一个想法而已,不堪大用。将"谋"付诸行动,"谋"就会变成一种技能，这种技能才有实际意义。

所谓"成事在天"，就是一种运气。众所周知，成功的过程也包含着一定的运气成分。将"谋"付诸行动，有可能成功，也可能不成功。如果"谋"得正确，行动又非常给力，成功的概率就会很高；反之就会很低。但如果只有"谋"而没有行动，那么这种运气也就派不上用场了。

商业模式也是一种"谋"，因此，只有用行动去践行模式中的理论和计谋，才能体现商业模式的实际价值。启蒙思想家伏尔泰认为："人生来是为行动的，就像火总向上腾，石头总是下落。对人来说，一无行动，也就等于他并不存在。"德国哲学家约翰·戈特利布·费希特认为："行动，只有行动，才能决定价值。"由此看来，商业模式是一种落地的大学问。

阿里巴巴创始人马云说："战略不能落实到结果和目标上，都是空话。有结果未必是成功，但是没有结果一定是失败。"落地就是行动，一种由理论向技能的转化过程。模式本身具备一种技术特征，这种"技术"需要行动实践才能展现出来。而商业模式是一种"活理论"，或者叫"工作法"，其本身对商业行为有指导作用，因此，要想做好日常的经营管理工作，就要把"商业模式"当成一种落地的学问。

数字智能时代的商业模式再设计

近年来，商业模式这个热点话题得到了管理者、咨询者和学者的高度重视，这也使得商业模式被冠以不同的定义，这些定义之间还常常相互冲突，甚至相互矛盾。

数字时代的来临，大量的新技术（如物联网、大数据、云计算和人工智能）的应用，以及数字化时代下商业模式的不断演进，都在不断冲击甚至颠覆着传统行业的产业生态和竞争形态，大大增加了企业外部经营环境的不确定性。企业只有主动进行商业模式的调整和创新，才能更好地应对外部的竞争。

随着经济增速放缓，多数行业纷纷探寻新的经济驱动因素，数字化转型成为不可回避的探索领域。数字经济飞速发展，推动着产业升级，催化出以前不多见的竞争方式。

1. 数字化业务创新不断涌现

随着大数据、人工智能、区块链等技术的发展，数字化产品已经成为一个新的趋势。如数字化艺术，卢浮宫、大英博物馆已经将其藏品进行数字化，人们足不出户也能"走进"文化艺术场馆。还有脱胎于区块链的 NFT 作品，拍出了 6900 万美元的高价；基于人脸识别功能的门禁系统逐渐替代了传统的卡片式识别方法；基于语音识别的录音设备，让会议整理记录更加高效；ChatGPT 的横空出世，让无数个软件开发人员、从事编辑的内容创作者感觉到前所未有的危机，害怕自己将来被淘汰出局。

数字化产品为客户带来了更便捷、更可控、更高效的产品使用体验，同时，人工智能和数学建模语言还可以深度学习客户在使用产品过程中的数据，企业则通过分析这些数据来改良升级产品，如特斯拉通过对用户驾驶数据的分析来提高驾驶体验。

2. 智能化企业运营实现转型

数字化业务创新推动着企业主价值流（如企业研发、采购、制造、营销、销售、服务）、资源管理（如人、财、物等），以及企业管理（如战略、合规等）的深层次改变，最终形成数字化企业。

（1）在营销和客户服务方面，数字化改变了传播、销售和交付产品或服务的方式。在数字技术的加持下，企业能够与用户通过更广泛的渠道、更精准的方式互动和建立链接，从而形成自己独特的营销生态，如通过抖音、公众号等互动平台进行营销。客户可以参与到品牌和产品营销价值的创造过程中来，满足他们的个性化需求，如服装、蛋糕的线上定制。此外，企业交付服务的方式也发生了变化，如车辆的远程软件更新或维护（OTA）、远程医疗等。数字化技术在营销领域的应用，不断改变着客户接触点的效率和效能，提高着客户的产品获得和企业互动体验。

（2）在生产方面，为了适应大规模个性化定制需求，企业需要充分将数据的采集和分析与物联网、互联网等技术结合运用，进行智能化、柔性化生产，驱动和管理着从客户下订单到产品生产完成的整个过程。

（3）在研发方面，数字化通过协同研发、计算机辅助、3D打印等技术不断缩短研发周期，提高了研发质量。

数字化创新、智能化运营改变或加剧了商业竞争，主要表现在以下三方面。

（1）网络效应不断扩大。互联网技术推动"社交商业"快速发展，原本在通信行业具有的"网络效应/集群效应"愈加凸显，平台玩家赢者通吃。

（2）知识竞争更加激烈。赢得客户的关键在于客户洞察，通过加深客户认知来改进产品和客户互动体验。较之技术本身，数据源和分析团队更有可能打造差异化竞争优势。

（3）数字化规模竞争兴起。原本通过投资和快速投产带来的规模效应，现今可以通过"一切皆服务"快速获得。简而言之，数字化要素加速了规模化。如冰激凌行业通过电商完成新产品首发，发展到一定规模后转向线下，通过小红书等营销手段打爆款，不断制造年轻人喜欢的话题，来更有效地获得市场响应，激发渠道伙伴跟进。

如今，商业格局和竞争形式正在被数字化改变，要想应对外部环境改变，企业就要着眼于数字化创新，而借助数字化手段升级商业模式就是数字化创新的重要抓手。

3. 以重新审视目标客户为出发点展开数字化创新

商业模式展示了企业创造收入的逻辑，涉及九个模块，包括客户细分、价值主张、渠道通路、客户关系、收入来源、核心资源、关键业务、重要伙伴、成本结构，具体如表1-3所示。企业可重新检视这些要素，识别商业模式升级的可能空间。

表1-3 企业创造收入逻辑的九大模块及说明

模块	说明
客户细分	利用客户数据，深化客户洞察，加强客户细分，搞清客户画像和行为分析。重新审视目标客户，或目标客户的需求和购买行为。然后，以此为起点，优化目标客户，优化价值创造（卖什么、怎么卖）和价值获取（定价方式、成本结构、盈利模式）的方法
价值主张	企业基于客户洞察梳理客户价值诉求，进行差异化精准定位；基于客户价值诉求，进一步在产品或服务上定义差异化创新机会。基础产品（Primary Product）由其功能特性和人格特性组成，可基于这些特性分析完成对产品或服务的优化、替换和补足。产品外延（Secondary Product）中，要考虑产品的定价、质保、交付方式等，从产品获取和售后维护方面尝试便捷化、差异化、可获得性等升级。利用现有大数据技术，为产品趋势、参数对标、舆情分析等领域进一步提供帮助
渠道通路	依据不同的产品特性，企业可打通线上线下。如今，在C端（客户端）和小B端采用全渠道策略或多频道网络已较为常见。一方面，线上渠道推动了数字规模化进展；另一方面，由于管理线上零售价格较为困难，容易发生渠道乱价的情况，因此，企业也需要研究相应的策略
客户关系	企业可以根据客户价值，对不同生命周期阶段的客户进行分级和分类，然后基于客户细分，匹配差异化关系维护方式（如客户经理、会员中心等）、服务等级，推介适当的产品和服务，赢得客户复购，提高客户的忠诚度，提升客户全生命周期价值

续表

模块	说明
关键业务	通过流程拉通、信息流拉通和系统加持，使企业与更广泛的生态系统合作伙伴共同创造"端到端"的数字服务，并通过智能分析，关注高价值活动，以业务驱动流程，降低过程中的管理和运营成本
核心资源	对核心资源及其供应满足情况进行分析，对跟进策略进行结果预判。对核心资源的分析一般很难改变什么，对核心资源的价格进行预判则更有实际意义。对于处于行业早期阶段的核心资源，一方面要考虑"学习曲线"带来的价格下降的可能；另一方面则要考虑新玩家进入带来的供需关系变化，在供不应求的前提下，反而更能促进核心资源价格的坚挺或上涨
重要伙伴	依据品类价值和供应分析，将商业伙伴从战略布局和风险管控角度分层分级，进行差异化管理
收入来源	企业可从两方面对收入来源进行优化。一方面，用大数据分析或寻找新的高利润空间，通过收入和利润的趋势对比，完成产品生命周期分析，进而调整产品策略，迭代投资组合。另一方面，利用新技术改变定价模式（如以租代售），赋能更多客户，让客户以更好的支付感受和更小的财务压力来获取产品
成本结构	通过价格库管理、量价分析和成本结构分析，精细管理成本结构，持续降低成本，提高企业成本优势和盈利能力

在数字智能时代，数字化是企业创新中不可回避的要素之一。借助数字化技术，企业就能改变价值创造（卖什么、怎么卖）和价值获取（怎么收费、怎样盈利）的方法，推动商业模式的升级。商业模式的数字化转型，必然会带来更深层次的企业运营升级，让企业焕发出新的生机。东鹏特饮通过"一物一码、五码合一"的数字化改造，使客户数量直达1.6亿，活跃商户超300万；从客户数字化，到后续的终端、渠道数字化，乃至生产的数字化改造，东鹏特饮搭建了一个完整的数字化管理闭

环,盈利提升就成了自然而然的事情。

模式创新者都是孤勇型企业家

所谓抄袭,就是快速复制别人成功的商业模式和产品,然后做点小改进,以便适应当地市场。

普通人创业成功最快的方法,其实就是复制(模仿)+创新。别人已经成功地取得了成果,你只要沿着别人成功的道路走,复制别人的项目、方法和思路,就成功了一半。在余下的时间里,你只要专注于这些项目、方法和思路,对其进行内化和优化即可。

抄袭,不用从头开始创造新概念或产品,直接学别人的成功做法就行。这样做,既省时又省力,也能避免一些潜在的失败。对于创业者来说,确实是一种降低风险的好策略。

不过,从商业角度来说,抄袭是一种短期行为,并不是长久之计。要想进行模式的创新,就要敢于尝试新生事物,并有魄力去坚持自己的想法。很多人之所以无法成功创业,就是因为他们不敢尝试新事物,因此说模式创新者都是孤勇型企业家!

曾经,洛克菲勒家族富可敌国,控制了美国90%以上的炼油厂。但多数人不知道的是,他创业时建立的第一个炼油厂差点倒闭。当时他的产品是点灯用的煤油，但当时很少有人使用煤油灯，大家都习惯使用蜡烛，觉得又便宜又好用。为了推销煤油，洛克菲勒尝试了各种营销方法，但即使亏本甩卖，也没有卖出去。

之后，洛克菲勒转换了思路，他用近乎白送的价格卖煤油灯。这个方法果然产生了奇效，看到煤油灯非常便宜，人们纷纷抢着购买，买回家使用后，发现确实比蜡烛好用。

煤油用完了，怎么办？如果还想继续用煤油灯，就得去买煤油。就这样，洛克菲勒用送出去的煤油灯，让大家改变了照明习惯，成功地拉升了煤油的销量。

洛克菲勒的这个妙招，就是用廉价耐用的煤油灯作为诱饵，拉动煤油需求。这就是一种商业模式的创新。

创业充满了不确定性和风险，创业者需要勇敢地去面对挑战和困难，只有这样才能坚持不懈地追求目标。商业模式创新者大都敢于跳出舒适区，开拓新市场，为自己的梦想奋斗。他们信心坚定，敢于面对和克服困难，战胜挫折，勇往直前。

2022年，东方甄选的"知识型带货"火爆全网。这种知识密度很高的带货风格让网友们感叹：我上了一节网课，顺便买了一袋大米；甚至有人直呼："人生30年没这么离谱过，我居然在直播间买了4袋大米。"

2021年以来，教培行业在"双减"政策下陷入低谷，教培巨头新东方也遭受了巨大打击。为了寻找出路，新东方多方探索，先后成立了90家新公司，包括"东方甄选"直播卖货。

2021年12月28日，俞敏洪直播带货首秀，一顿操作猛如虎，成交却只有数百万元。后续数月，更是低位徘徊在数十万元上下，一度被吐槽，被讽刺，被劝散……但俞敏洪没有放弃。经过不收坑位费、不声嘶力竭、不靠颜值担当和双语直播等一系列的试错探索，2022年6月，"东方甄选"终于活成了直播界的一股清流。

"东方甄选"农产品双语知识型直播带货模式，是在原有电商直播商业模式上的升级，是尚不完善的商业模式微创新。以下，我们就以"东方甄选"为例，对商业模式创新进行解读。

1. 价值创造

（1）"东方甄选"助农直播创造社会价值。"东方甄选"直播间通过双语直播带货模式，帮助农民解决农产品推广和销售问题，助力农产品销量的提升。在不断完善商业模式创新的过程中，"东方甄选"与农业、农民建立了更深的联系，为更好地助力农业农村数字化转型打下了基础。

（2）双语知识直播带货为客户创造价值。"东方甄选"的老师主播通过双语直播带货，同时结合地理、历史、哲学等学科知识，弹唱英文歌曲，吟诵诗词歌赋，解说名家典故，笑讲爆梗段子等，为客户提供了知识价值和情绪价值。

2. 资源整合

（1）抖音平台流量资源。一方面，直播行业告别了野蛮发展的时代后，"东方甄选"的优质直播内容更易获得平台的流量加持；另一方面，俞敏洪作为知名企业家，有着传奇经历和二次创业逆袭的励志故事，主播们作为知识分子有着优质的形象背书，这使得"东方甄选"在2022年"6·18"前夕，成为抖音平台在头部主播缺位的情况下进行流量倾斜和扶持的直播间。

（2）名师主播资源带来优质内容资源。新东方名师学历高、沟通水平强、英语能力佳、知识储备量丰富，又自带丰富的教学经验、学生及家长粉丝基础。同时，知识直播和教学授课存在一定的共性，名师资源很容易转化为优质主播资源。比如，走红的董宇辉、顿顿、YOYO等主播老师。这些名师主播资源，在"东方甄选"进一步形成了优质的内容直播资源。名师们凭借差异化的内容和叙述形式，将产品销售包裹在诗词、哲学、英语学习中，让人们在受到思想的启迪和美的享受的同时购买产品。

3.客户需求

"东方甄选"的目标用户主要是有学习需求的城市年轻群体和城市中产家庭的家长。根据目标客户群体，"东方甄选"定位中高端市场。选品环节注重品质，如五常大米、牛排、DK博物大百科等都属于相对高价位、高品质的需求。直播环节注重双语、知识、文化方面的讲解，将客户需求与直播内容、售卖产品紧密结合，形成了更多黏性客户群体，更易让客户买单。

4.APP上线

"东方甄选"APP是新东方全新推出的一个电商购物平台，旨在为网民甄选好物，提升生活品质。该APP上的产品主要分为自营和非自营，包括生鲜果蔬、海鲜水产、美妆护肤、家居日用、图书文娱等11个品类。非自营产品几乎都是曾在"东方甄选"直播间出现过的品牌。用户可以在APP底部选择"甄选""分类""购物车""我的订单"四个栏目，其中"甄选"相当于首页推荐，"分类"则是分类检索。目前，在11个类目中有8个都与零食、生鲜、农副产品等相关，可见"东方甄选"APP依旧以食品为核心。

2022年7月初，"东方甄选"新版APP正式上线。7月5日至11日，"东方甄选"开展了甘肃专场直播活动，并在抖音与"东方甄选"APP同步直播，这是"东方甄选"自创办以来首次在APP启动类似直播活动。

东方甄选以"甘肃行"作为APP首次直播的专场活动，由俞敏洪亲自带队。虽然首播并未掀起太大浪花，但扩大了影响力。7月26日晚，东方甄选主播鹏鹏和明明在APP为大家直播，直播间同时在线人数超过2.6万人。烤肠、白虾、鸡胸肉、吐司、比萨、蟠桃、鸡蛋等多款自营产品销售量破万单，当天销售额达千万元。

在这个"注重知识，尊重知识，知识付费"的年代，"东方甄选"出奇制胜，赋予直播电商以"知识"的内涵，吸引观众为这种"内涵"而买单。观众在购买到产品，满足了其基本的产品需求的同时，还同步收获了知识性精神需求的满足。

新东方击中了消费者在物质和精神两方面的痛点，是商业模式的创新。从这个层面讲，以产品价格为卖点的直播电商模式是不可持续的，因为没有核心壁垒，而赋予消费者"精神价值"的商业模式才更可持续。

坦然接受旧模式的消亡

"企业自我本位"思维,是指企业只关注自己的利益和目标,忽视了用户的需求和市场的变化。但市场是不断变化的,企业只关注自己的利益,而不顾及市场和用户的需求,很容易失去市场竞争力和用户的信任,影响企业的发展和长远利益。

下面看这几个例子。

案例1:报纸正走向死亡

最近几年,报纸停刊的坏消息一个接一个传来,报刊亭的摊子上许多熟悉的面孔都消失不见,甚至连报刊亭的摊位也在逐渐减少。

在北京,《法制晚报》《北京晨报》不见了。遥想当年,这两种报纸都赫赫有名,不仅老百姓喜欢,报贩子更喜欢。

在安徽,《亳州新报》停刊了。

在辽宁,《华商晨报》休刊了。

在江西,《赣州晚报》不发行了。

这些不再发行的报纸,多数都有10年甚至20年以上的历史,许多甚至还有"第一""唯一"的名气,如"新中国第一张晨报"——《黑龙江晨报》，唯一的测绘行业报——《中国测绘报》，唯一的消防专业报——《人民公安报·消防周刊》，等等。调查显示：2018年有40多家报纸停刊，仅在2018年12月28日这一天，就至少有10家报纸宣布停刊。消息之密，来势之猛，犹如一次集体告别。

2014—2022年，受新媒体替代效应的影响，百姓对于报纸的需求量不断下降，我国报纸出版总印数也呈逐年下滑之势，2022年总印数为266亿份，较2018年下滑6.01%。

2023年报业市场仍处于低迷状态，尤其是传统媒体的版面紧缩、编辑部的裁员以及新闻报刊消费者逐渐减少等因素更对报业产生了巨大的不利影响。同时，报纸行业还面临着严峻的竞争压力，对手非常多，产品差异性低，价格竞争前景欠佳，甚至还可能从市场上消失。另外，传统新闻的宣传效果也不理想，无法吸引消费者。

案例2：杂志也过上了苦日子

有着国民杂志之誉的《读者》《故事会》，发行量大幅下滑，营收下降。《读者》杂志还传出了"发不出工资"的说法。当年以"故事"为主题的《故事林》《故事王》之类的刊物，在报摊上也很少看见了。

其实，对普通人来说，更刺眼的感受可能是，曾经点缀于城市大街小巷的报刊亭，已越来越少，甚至踪迹难寻。根据公开报道，比如在北京，2008年奥运会期间是报刊亭的鼎盛时期，数量高达2500个。到了2017年，北京的报刊亭只剩下1000多个，并在之后的三年内几乎全部取消。在上海，自1998年起，鼎盛时期的报刊亭有3000多家，至2019年时只剩下200多家，目前已仅剩寥寥几家。

目前，全国纸媒市场普遍不景气，每年年末都有一批报纸杂志倒下。2022年年底，又有十几家报纸、杂志宣布停刊或休刊。截至2023年1月4日，据不完全统计，《牡丹江晨报》《海曙新闻》《童话大王》《绵阳晚报》《崇明报》《孤独星球》杂志(中国版)、《今日永嘉教育周刊》、《温州商报》《城市画报》《战斗王CKM》《处州晚报》《无锡新周刊》《锦州广播电视报》等十几家报纸杂志停刊或休刊。

最让人始料不及的是《国家地理》杂志的一则消息。据《华盛顿邮报》报道，2023年6月《国家地理》杂志裁员的消息出现在社交媒体上。随着最后一批专职撰稿人被解雇，杂志内容外包给了自由撰稿人或由编辑组稿完成。此外，媒体还披露了《国家地理》杂志致员工的内部信。信中称，为了进一步削减成本，从2024年开始《国家地理》杂志将不再以纸质版形式出现在美国报刊亭，2024年将停发纸质版杂志。要知道，《国家地理》杂志创办于1888年，迄今为止已存在135年，在世界范围内颇具影响力，读者约有7.3亿人。

案例3：电视台的运营也惨淡

过去人们回家的第一件事就是打开常看的电视频道，如今很多人回家后的第一件事情则变成了刷手机。随着互联网的不断发展，电视台的休闲娱乐功能正在被智能手机中的娱乐软件取代。年轻人不愿意看电视，电视成为摆设，变得可有可无。即使有人看，多数也是不会玩智能手机的老年人。

各大电视台和电视频道的发展难以为继，即使是有"四大卫视"之誉的湖南卫视、浙江卫视、江苏卫视、东方卫视，近年来广告营收也大幅下滑。2020年，广电总局撤销了7个电视频道。2021年，被广电总局撤销的电视频道达到了14个。更令人吃惊的是，2022年广电总局下发的相关文件显示，撤销了19个电视节目频道，一个县级的播出机构也被撤销。被撤销的电视频道数量越来越多，电视台发展越来越受限。

如今"电视台消亡论"的说法，如同当年"报纸黄昏论"的说法一样，在悄悄地流传。

传统报纸、杂志、传统电视广告、传统电视和电信服务的衰亡过程，让一大批依据大媒体设计商业模式的企业消亡。其实，真正将企业带入绝境的，是企业的"自我本位"思维。这种思维让人们只固守旧有的想法而拒绝改变，更看不到事物之间的联系。企业高层对业务不仅异常熟悉，而且很有感情，环境已然发生变化，他们却还依然固守原来的经验，并凭此来分析问题和做出决策，如此自然就容易做错。

企业的这种狭隘的"自我本位"思维主要表现在三方面。

1. "老大"思维：一切都是我说了算

很多媒体在介绍某企业的成功经验时，往往会归因于该企业有一个无比英明、充满智慧、富于创造的领导者。因为人们已经习惯于对精英人物的信任和顺从，在他们面前甚至会放弃自己的人格和思考能力。在这种社会氛围和文化熏陶之下，企业领导者逐渐形成了"教主"的地位，"老大"思维主导全局，致使很少会有人站出来提不同意见，从而让企业领导者养成了拍脑袋做决策的坏习惯。

2. 惯性思维：沉迷于以往的经验和方法

在最初做企业时，众多企业家和管理者的思维方式确实能让企业发展起来，但随着环境的变化，旧的思维方式带来的负效应越来越多。但企业已经做大，企业家会固执地认为只有过去的经验和方法对企业的发展有用，不肯轻易进行创新。

这种习惯于沿袭传统的机械性、线性的思维定式，一旦进入僵化或锁定的状态，想要摆脱它，就十分困难。在经营管理中，当初很多习惯与规则都是在一定的条件下提出来的，后面这些条件都发生了变化，再继续使用，必然于企业发展不利。

3. 功利思维：只想自己的利益

基于功利思维，为赚取高额利润，有些企业便会做出损人利己的事情。如在食品中添加有害化学物质，或激发人们的欲望，让人们去购买根本不需要的产品，等等。当功利思维充斥企业的时候，企业的视野就会变得狭小，急功近利，置企业长期发展和声益于不顾，更谈不上创新，致使企业走下坡路甚至走向自我毁灭之路。

第二章　用户互动迭代是新商业模式的灵魂

用户不是王，是一个战壕的亲兄弟

"用户为王"的思维是商业模式设计的基础，因为商业模式的目的是满足用户的需求，从而实现盈利。企业不能满足用户的需求，就很难在市场上立足。因此，商业模式设计需要以用户为中心，理解用户的需求和痛点，创造出能够真正满足用户需求的产品和服务。同时，随着市场竞争的不断加剧，用户的选择权越来越大，为了赢得用户的信任和忠诚，实现持续发展，企业还需要不断提高产品质量和服务质量。

基于刚性需求的商业模式设计，很多企业都经历了不同的周期，实现了可持续发展。

在消费者至上的时代，无论是商场还是品牌，都想与消费大众建立起长久的亲密关系，甚至还渴望消费者既能忠诚复购，又能主动代言传播。而事实上，面对信息爆炸、选择冗杂的环境，消费者的"朝三暮四"或许才是常态。为了跟消费者建立更加长久的沟通渠道，不少购物中心开始尝试与消费者共创，让消费者成为商场内容运营的参与者和展示面。

2023年2月，新锐国货品牌东边野兽发起"骑换"之旅，以自身产品核心原料灵芝孢子为灵感打造了一辆孢子车，开启了城市流动。用户带上一本旧书，只要偶遇孢子车，就能交换一颗内含产品小样和灵感书签的"灵感孢子"。品牌后续会将部分书籍捐赠给其原料产地小学，其余书籍则用于日后乡村社区图书室建设。

现实中，诸如此类通过与消费者共创增加互动体验、提高辨识度及助力产品传播的手段，在品牌运营中屡见不鲜。因为互动性营销活动是最能调动用户参与意识，也是最容易培养用户、企业与产品之间感情的方式。大家一起玩，共同互动，用户黏性也在不知不觉中提高了。

如今，很多企业追求开放式创新、社群化研发，比如小米。

2010年，雷军创立的小米公司处于创业之初，鲜为人知。当年8月16日，MIUI发布第一个内测版时，第一批用户只有100人，这100人却成了小米最珍贵的种子用户。也正是靠着这100位铁杆粉丝的一路支持和口口相传，才有了小米每周都倍增的用户，截至2022年4月，MIUI用户超过1亿。

为了表示感谢，小米将这100名用户的论坛ID写在开机页面上，印在微电影中的那辆赛车身上。这100位个人也被小米称为"100个梦想的赞助商"。

《100个梦想的赞助商》讲述了小镇上一个年轻人在坚持赛车梦想的道路上得到了100位支持者的故事。

故事的原型便是小米成立之初的真实经历：100个人构建出一个1亿人的社区，成就了一个2000亿元市值的企业。你永远都无法想象，一个人的支持，能创造多大的能量。

"和用户交朋友"是小米提出的，而这也是小米成功的主要原因之一。其核心是尊重用户，听取用户的意见并付诸行动。近期，小米公司创始人雷军宣布，小米新一代操作系统小米澎湃OS（Xiaomi HyperOS）已开发完成。雷军充满期待地表示，新的操作系统是一款与Android和Vela系统深度融合的创新产品，专为提供全面的"人车家"生态体验而设计。

雪佛兰公司曾经做过一个营销活动，对一位对雪佛兰汽车有极大热情和兴趣的普通用户进行采访。之后雪佛兰公司没有对这位用户提出任何要求，只把采访录像发给了他。用户收到了录像资料，感受到了雪佛兰公司对自己的尊重，因此显得非常兴奋和激动。在这种情绪之下，他把视频发布在不同的社交平台上，播放量迅速超过万次。通过这次活动，用户在汽车迷的圈子中积累了名气，获得了快乐和满足，雪佛兰公司也借此获得了免费的口碑传播。

雪佛兰公司就是通过这样一种看似简单的营销手段把一名普通用户变成了自己同一个战壕里的"兄弟"的。

用户与企业是合作伙伴，是忠实的队友，更是志同道合的兄弟朋友；

用户与产品之间传递的是人格，凝聚的是感情。未来，用户与企业品牌的互动形式将更加趋近于合伙人的形态。

"人人有回报"一直都是企业品牌生存的基础逻辑。这个回报凸显一分，用户的黏性就多一分，企业品牌在未来市场中的竞争力也就强大一分。那么，如何将用户变成合作伙伴呢？

1. 明确共同点

将了解客户的一切当作事业来做，包括个人经历、出生日期、家庭成员、喜欢的体育运动、欣赏的名人、个人兴趣爱好、喜爱的书籍、喜欢的电影、钟情的食物、不喜欢的事物、梦想和愿望及目标等。

了解到这些信息后，就可以寻找"共同点"，再与客户分享。而要想建立共同点，真实是关键。共同点的建立可以在私人会面时完成，例如，午餐、晚餐，甚至只要用喝一杯咖啡的时间即可。

2. 融合关系

如果在你眼里"拿到订单""赚钱"是客户的代名词，那么他们的行为表现就是上帝。因为你根本没有把他们当普通人看，只想从他们那里赚钱或占到便宜。想让他们将你当作合作伙伴，就要将心比心，把他们视为长期合作关系中的一部分，即把他们当客户去对待，从而实现双赢。

3. 客户也是普通人

无论什么职位、年龄，有什么经验或权力，客户都是普通人，你想要的，他们也想要。把客户当作上帝，你就舍弃了他们的人性；把客户当作普通人，就能在合适的人际关系中重新定位你的客户，了解现实生活中的他们看重什么、有什么烦恼，设法为他们提供帮助。记住：千万不要什么都往自己身上揽，因为他们不会针对你个人。即使他们粗暴、疏远、冷漠，也只是他们的事，与你无关。

4. 用心聆听

对他人产生影响力的最有力方式就是聆听，而不是述说，因此要把握和客户在一起的机会，全心"聆听"客户的要求，提高你的倾听能力。同时，述说时，还要将聆听到的内容反映到你的述说当中，但绝不能想当然地认为自己已经理解，要说"谢谢你的分享，不知我理解得是否正确……"然后，尽可能地用他们好理解的语言进行复述。

5. 不要低三下四

将客户奉若神明，在他们面前点头哈腰，一看到他们不高兴，自己就战战兢兢，这样只能让客户瞧不起你。因为你的行为会传达出这样一个信息："我什么都不是，只是一个卑微的服务供应商，而您是有钱的上帝。"事实上，你的言行举止应当得到别人的尊重。因为每个人的自我价值都一样，个人的价值并不来自头衔、工资或经验，它是一种天赋，在你出生那一刻就拥有，无法消减。

"先跑通，再做大"的新商业模式哲学

存量市场，品牌从 0 到 1 的创建过程会越来越难，"先跑通，再做大"则是新商业模式的哲学。因此，在该市场更明智的策略是"先跑通，再做大"，即从产品端出发，在一个细分领域将产品做到极致，成为 90 分的小众品牌；或者从消费端出发，在一个"区域市场"形成高度品牌共识，再谋求破圈做大。

1. 最小可行性产品

最小可行性产品的概念由 Rric Ries 在《精益创业实战》中提出，指的是用最快、最简明的方式建立一个可用的产品原型，然后推向市场测试用户是否喜欢，进而迭代完善细节。

举个例子。

造一辆小汽车，容易犯两种典型错误：

第一种，先造车轮，然后造车底盘，再造车外壳，最后拼装。

第二种，先造一辆脚踏车，然后造自行车，接着造摩托车，最后是造汽车。

正确的做法应该是，先按四轮的汽车模样造一个雏形，不一定每一个零件都有，但要能跑；然后补充框架，优化细节，最终变成小汽车的样子。

优秀的创业者会零成本地启动一两个小项目，只投资自己，自己负责流量，其他的全部借力。跑通整个产业链全环节后，创业者会将更专业的人士放在各个环节，以创造更大的利润，然后把利润分摊。

创业者自己先跑通0到1，然后再由团队跑通1到100，就是比较高级的创业者。

世界沐浴产品行业品牌林立、鱼龙混杂，有一家企业特别引人注目，那就是德立精工。它从一家小企业发展成行业第一家自主研发全套沐浴产品的公司属实不易，而那句"求精做细，就是德立"的口号，更是让人耳熟能详。

德立精工主要从事沐浴配件的生产，其产品远销欧洲、美洲、亚洲等众多国家。该公司从客户的沐浴感受出发，专注于每个细节，求精做细，稳步发展。从2003年下半年开始，德立走上了自主研发的新道路，率先推出了多种创新产品，在行业内引起很大反响，获得了极高的知名度、产销量和市场占有率等，在行业内遥遥领先。它的发展秘诀就是：先做精，再做强，后做大。

德立对产品质量的要求特别高，每一环节都严格控制。很多低端的沐浴房产品都是把玻璃、拉手、滑轮、胶条等半成品买回来，经过简单组装，然后对外出售。在组装过程中，往往不注重产品质量。但德立不会这么做，他们独立研发、设计以及生产密封胶条、磁胶条、滑轮、拉手等部件，并对组装质量进行严格控制。正是这种精益求精的企业精神让德立公司不断发展壮大，在众多沐浴产品企业中脱颖而出。

把企业做大做强，是很多老板的梦想，他们都试图通过产业整合或资本手段实现企业的快速扩张。但企业盲目做大做强会导致其偏离主业投资，甚至加速企业的消亡，故而正确的做法应该是先把企业做精，再做强，最后做大。

2.数字迭代思维

"迭代"源自计算机软件领域，如今已经由一种算法逐步升级为一种思维方式，指导着人们的实践生活。

迭代思维又称辗转思维，是一种不断用变量的旧值递推新值的思维过程。相对应的是瀑布式思维或直接法思维，即一次解法思维、一次性解决问题的思维。

（1）迭代思维的特征。概括起来，迭代思维主要具有三个特征，如表2-1所示。

表2-1　迭代思维的主要特征及说明

特征	说明
目标的不确定性	在迭代思维的运用中，过程本身具有很强的外部交互性，目标的明确化过程通常也是与环境不断交互的过程。作为输入输出变量的需求与信息具有相对不确定性，需要进行识别、判定、收敛和显性化，需要围绕目标不断地引入和修正环境的输入与输出
行为的试探性	随着目标的不断逼近，需要不断尝试，并进行选择、批判与排除，尤其对于剔旧和创新的部分，更要不断进行调试、检验和测度。因此，解决问题的整个过程也是不断试验和探索的过程

续表

特征	说明
过程的周期性	迭代过程是一个创新的过程。整个过程中都充满了量变到质变的飞跃。与大大小小的质变相对应，迭代过程也形成了大大小小的周期。每个周期都能构成一个循环，周期间的节点就是可度量的检验点和控制点

（2）迭代思维的运用。如何正确运用迭代思维呢？

①改变认知，勇敢开局。首先要抛弃一步到位的完美主义心态，因为无论做什么事情，我们都很难完全准备好，应该勇敢地抓住机会。没有出发，也就没有抵达。用"鲁莽定律"开局，先做起来，就成功了一半。

②注重过程反馈。刚开始做一件事时可能需要试错，这时候完全可以用最小成本去验证自己选择的方案是否可行。只不过，要注重过程的反馈，及时分析失败的原因并吸取教训。

③更新迭代。迭代是一个周期性的过程，每一次的迭代都是在上一次迭代的结果的基础上开始的。迭代，有助于我们不断修正自己的选择，不断优化过程，而后做出建设性的改变，最终达成目标。

在自然界中，一棵树苗能否长成参天大树，除了要有合适的环境和土壤外，其自身需要具备两个条件：一是树的质地要好，可以抵抗风雨寒暑；二是要有较快的生长速度和长大的潜力。如果树苗生长速度很快，但质地不好，即使长得再高、再快，也无法成为栋梁之材。如果树的质地很好，但生长速度很慢，或没有长大的潜质，也难以当大用。

企业同样如此。只有同时具备好的内在素质和好的生长能力及生长潜质，在经过几十年甚至上百年的健康持续稳定发展后，才能在国内甚至国际市场上占有一席之地。

只有做精了，企业才能健康；只有做强了，企业才能持续；只有做大了，企业才能稳定。一句话，先做精，再做强，最后做大，是企业健康发展、稳步壮大的必由之路。

在用户社区里"泡"出痛点和需求

正向反馈是进步的源泉。心理学里有一个著名的实验：

心理学家斯金纳把一只小白鼠放进迷箱，要他不断触碰杠杆。起初，小白鼠无意间碰到了杠杆，一粒食丸落入箱内。后来小白鼠发现，只要按下杠杆，就能得到食丸。于是，小白鼠就学会了有目的地按下杠杆。

这个实验告诉我们：想要让别人按照你的意愿行事，就要给他们一些激励和鼓励丸。这个过程就是正向反馈，其实人与人的交往、同事与同事的交流也是如此，正面的激励与言语的鼓励尤其重要。

同样，企业要想发展，也需重视用户的正面反馈。

分析用户的反馈，是企业能否走远的基石；重视每个用户反馈的意见，是企业树立口碑和信誉的必经之路。所谓用户反馈，是指使用某一产品的用户对其产品所提出的关于产品情况的反馈。通过用户反馈，企业就能提高服务，优化产品，让用户来监督企业的运营；通过用户反馈，企业就能据此制定相应的措施，来提高用户的满意度，增强用户体验和黏性，从而有利于企业品牌的建立；通过用户反馈，企业就能获得有效数据，做到真正了解用户需求，从而为未来的产品定位做好决策。

此外，通过用户的反馈，还能知道他们的痛点，继而发现市场。那么，如何做到这一点呢？传统的方法是通过问卷的形式做市场调查。但这种方式基数太小，无法代表市场的真实情况，且多数人还会口是心非从而让效果更差。

有这样一个经典的段子：

记者问一位老农：如果你现在手里有100万元，你愿意捐给国家吗？

老农回答：愿意。

记者又问：如果你家里有一头牛，你愿意捐给国家吗？

老农回答：不愿意。

记者诧异：你为什么愿意捐100万元，而不愿意捐一头牛？

老农回答：我没有100万元，但我家确实有一头牛。

填写问卷的时候，多数人都不会填写真实情况，而是填自己认为是对的答案。所以，普通的调查问卷很难了解用户真正的痛点。那么，如何才能找到用户真正的痛点呢？到社区里寻找用户。

2023年6月的最后一个周末，阳光明媚，春天的气息渐浓。某企业研发团队怀揣着满心创意进驻了上海某小城社区。他们的主要任务是：在48小时内，利用企业打造的开发平台，从无到有创造出一款能够解决社区实际问题的产品或制订解决方案。

该小组成员多数是企业的骨干成员或社区的工作人员。虽说他们此前彼此并不认识，在进入社区后才临时组合起来，但作为一个创新团队，他们有着一致的目标，即希望通过这种独特的方式找到用户"痛点"，并力争将产品呈现出来，实现真正意义上的创新落地。

第一天，小组成员在小区内分头行动，搜罗信息。在拜访了几位独居老人后，他们有了一个重大发现：小区给孤独老人提供了非常先进的设施，即通过一个设备能够连接120以及连接老人与子女的沟通。但这种设备主要针对的是紧急情况的帮助，而且还是点对点的连接，因此平时几乎都处于闲置状态，使用频率很低。事实上，在人口老龄化逐渐加重的当下社会，独居老人越来越多，子女不在身边，平日里老人都面临着一个最现实的烦恼——行动不便，缺少及时有效的帮助。

为了解决独居老人生活中的应急需求，当天下午，该团队小组成员迅速集合起来，展开了一场头脑风暴，最后碰撞出了一个更加人性化的解决办法，就是通过多对多的解决方案，在独居老人和志愿者之间搭建起一座桥梁。产品的开发逻辑是：对老人和义工进行精准分类，并深度搜索匹配，将老人的需求"匹配"到距离最近、最合适的义工身上，而义工可以随时随地通过云端系统得知附近哪位老人有需要，之后开发"邻里守望"。

想象一下这样的场景：在一个阴雨连绵的早晨，郭大爷的关节炎又犯了，出门很不方便，但他只要按下"守望者"的帮助键，说出一个简单的请求：能不能帮我买些菜？这个请求就能立刻传递到邻居小敏家。小敏收到此信息后，利用下班回家之便，就可以帮助郭大爷解决掉买菜的问题。

显然，通过所设计的网络连接系统，只要使用一个简单的指令，就能完成老人和义工的需求匹配问题，即让独居老人的需求得到尽快响应，并获得义工尽可能有效的帮助。

负责产品创新的人员一般有足够的创意和想法，但通常不能落地实施，原因就是没有跟市场需求真正结合起来。其实，只要在一个用户集中的社区里找到需求，产品落地就会成为可能。案例中提到的研发团队先与社区用户交互信息，得到真实、客观的反映和论证后，再去落实方案。可见，这种创新方式是开放性的、最接地气且最有效的。

当天晚上，小组便投入产品方案的实施过程中。经过彻夜奋战，一个值得期待的"邻里守望"应急解决方案在第二天上午就顺利出炉了。

把资源赋能给优秀到卓越的人

赋能并不单指能力的获得或提高,而是指在错综复杂的环境下,打造一个更加敏捷的、能够迅速应对各种问题的团队。

硅谷的第一理念是,投资于全球天才。因为他们知道,只有将资源赋能给优秀和卓越的人,才能取得最高的回报。

在美国的旧金山湾区南面,是全世界的人才高地——硅谷。从20世纪60年代中期以来,这里诞生了谷歌、Facebook、苹果、英特尔、特斯拉等一批世界知名的高科技企业。

硅谷集结了来自世界各地的100多万的科技人员,其中单人获得诺贝尔奖的科学家就有40多人。可见,在硅谷高科技创业一片繁荣的背后,是无数优秀卓越人才创新精神的支撑。在硅谷,一群渴望改变世界的企业家用理想吸引着世界最顶尖的科技和管理人才。

1. 为人才提供资金支持

2023年6月,年仅26岁的硅谷科技圈新贵Alexandr Wang荣登《福布斯》封面,并被美国誉为是未来在财富方面极有可能会超越马斯克和贝佐斯的新一代商业科技奇才。其实,在此之前,Alexandr Wang就已经在科技圈有了很响亮的名声。

Alexandr Wang 出生于 1997 年,虽然是个 95 后,却是美国人工智能 Scale AI 的创始人 + CEO。该公司于 2016 年成立,拥有 600 名员工,在短短几年内就成长为硅谷最大的人工智能公司之一,目前估值 73 亿美元。如今,年仅 26 岁的他,财富已达 10 亿美元,在《福布斯》富豪排行榜中是世界上最年轻的企业家。那么,Alexandr Wang 是如何成功的呢?

他的父母是第一代移民,且都是物理方面的顶级科学家,双双供职于新墨西哥州的 Los Alamos National Laboratory。该实验室就是全球第一颗原子弹诞生的地方。Alexandr Wang 的选择和世界观受到了父母的巨大影响,这也是后来他选择通过编程来改变世界的原因。

也许是父母优良的数理基因加持和后天的科学养育,Alexandr Wang 从小就展现出了极高的数学天赋,在全美各地的数学奥林匹克竞赛和编程比赛中崭露头角。比如,他 15 岁时参加全美 USA Mathematical Talent Search(美国数学天才选拔赛),获得第五名;在 USA Computing Olympiad(美国计算机奥林匹克竞赛)中,进入决赛。在 18 岁那年,即 2014 年,他还进入美国物理竞赛国家队。

除了数理天赋惊人,Alexandr Wang 的中文、英文和法文也非常不错。

借助如此强大的背景,Alexandr Wang 成了全美顶尖名校麻省理工学院的大一学生。然而,如同扎克伯格和乔布斯一样,他只在学校待了一年就退学了。因为他已经知道自己以后想干什么,要怎么做。

退学后，Alexandr Wang 很快来到加州硅谷，成为问答网站 Quora 的一名程序员。这时候，他遇到了和自己有高度认同感的创业伙伴——一位优秀的亚裔 Lucy Guo。2016 年，两人联合创立 Scale AI，并获得 Y Combinator 投资。

Y Combinator 成立于 2005 年 3 月，是一家以投资种子阶段初创公司为业务的创投公司。与传统的创投公司不同，Y Combinator 更像一个初创公司团队的"孵化器"，一个主要以孕育创业公司为目标的"训练营"；他们不只会向初创公司提供一定金额的种子基金，还会给他们提供必要的创业建议。为了提高创业团队的执行力，该公司每年还会开展两次、每次为期三个月的"课程"。

2018 年，Alexandr Wang 成功入选《福布斯》30 岁以下的最杰出企业家"。

2. 孕育宽容气氛，给人才提供机会

在硅谷，失败了不丢脸。在这里，常听到这样一句话："IT's OK to fail"，即"失败是可以的"。对失败的宽容气氛，使得人人都跃跃欲试，但这也给不想尝试的人造成了一定的压力。

谷歌创始人会把"20% 的空闲时间"写到公司章程里，将 20% 的空闲时间赋予工程师让他们去自由创造。虽然 20% 的空闲时间做出来的项目不一定都是成功的，但由于在工程师心中有过思考和尝试，因此仍然可以将失败的经验融入工作中。可喜的是，谷歌约 50% 的产品来自 20% 的空闲时间，例如，我们耳熟能详的谷歌新闻系统、聊天系统。

在硅谷，无论是个人还是外部环境，都对失败保持宽容的心态。将失败计入成本，这就是对失败宽容最直接的体现。

从 2006 年到 2008 年，SpaceX 的前三次火箭发射的爆炸几乎炸灭了马斯克的太空梦。当时特斯拉的量产陷入难产，马斯克已经没有多余的经费支持 SpaceX，但濒临破产的他仍然打算跟 500 名工程师背水一战。

2008 年 9 月 28 日，SpaceX 猎鹰 1 号第四次发射，最终获得成功。这给 SpaceX 带来了 NASA 16 亿美元的补给合约，使其成功脱离破产边缘。

硅谷的风险投资历史悠久，数量大，回报高，占据了全美风险投资金额的 40% 左右。目前，硅谷风险投资已经找到了一种让风险投资盈利常态化并不断孕育出新的伟大公司的方法。这让硅谷风险投资逐渐从个人行为变成了规范化产业。

硅谷的环境让人认识到了失败的价值，而对于失败的宽容成为硅谷创新精神的催化剂。

李开复曾在一本书的序言中写道："对于中国的企业主管来讲，只有在追求卓越的同时，学会宽容失败，才能让企业真正具有创造力和核心竞争力。"但实际上，企业要想做到对失败宽容，涉及更加复杂的因素。

创业者和工程师身上的使命感、叛逆和勤奋等，会像多米诺骨牌效应般对周围的人造成影响。借助投资者的支持，每一位个体的创造性都能被激发出来，成为推动科技发展、创造科技神话的无形力量。

用户价值创造永远是核心

创业的关键是创造用户价值。在这个以用户需求为核心变化的时代，在这个同类多个品牌争夺用户的时代，谁能为自己的精准用户创造良好的体验，形成用户价值，谁就有可能活下来，甚至活得更好，因为一切变化都要先以用户为基点。

案例1：京东

京东旗下社区团购小程序"东咚团"宣布，东咚团商品池、东咚学堂、售后服务功能迭代更新。其中，东咚团官方商品池支持按照价格筛选商品。同时，东咚团还上线了"东咚学堂"板块，包括新手指南、操作指引、政策规范三部分。从供货团长、帮卖团长、团员三种角色全方面进行问题解疑及操作指引。另外，针对已购买的"完成"状态的订单，在订单列表页可直接进行"退换/售后"的操作。

案例2：盒马

2022年天猫"双11"期间，盒马火锅连续两天单日卖出两万锅，最高单日售出3.4万锅；秋冬交替之际，就已超过2021年火锅季峰值。数据还显示，2/3"盒区房"消费者吃火锅时选择配送到家；火锅外卖销量比例最高的分别为上海、郑州、北京、深圳、成都、广州，其中上海的线上订单占比高达78%。上市第二周，糟粕醋火锅就上涨为首周销售的305%，年轻人成为消费主力。至2022年10月中旬，糟粕醋火锅销量同比9月增长约350%。

案例3：小红书

"2022世界互联网大会"在浙江乌镇召开时，小红书创始人在数字经济论坛上发表主题演讲，并参加了互联网企业家论坛圆桌对话，分享了在数字经济共建共享发展的大环境下，小红书当下的实践、对未来的规划及畅想。

在小红书上，每天都有几千万用户在浏览和搜索与生活有关的内容，平台每天都会产生245亿次曝光，用户可以找到各种经验。比如，毕业旅行去哪里，高考志愿如何填报，第一次面试怎么准备等，形成了共建共享的UGC社区基因。此外，用户一起参与反馈，共享共建，真实分享，也成为该品牌不断创新的灵感来源。目前，小红书已汇聚了全球200多个国家和地区17.3万个品牌，一批新老国货品牌在小红书"走红"。

最好的产品力是满足用户最关键的需求。用尽量少的产品满足用户最关注的需求，是一种超凡的能力。少就是多，背后是极为精准的行业发展与用户需求洞察、极为清晰的产品/战略思路，以及基于强大产品力的超凡自信。

任何一家企业都必须建立在为用户和社会创造价值的基础上。因为只有以用户为中心，满足用户需要，不断地为用户提供更好的产品和服务以及更多的价值，企业才能拥有核心竞争力和动态"护城河"。

每个人都有某种需求未被满足，了解到这个市场空白，看到这个薄弱环节，企业就可以设计一款产品、一种服务，满足这个需求。与此同时，有需求的人看到或发现这个产品或服务对自己有用，就会掏钱购买。所以，归根到底，企业的目的就是创造用户。

企业要开发出新的用户，创造用户。企业本身的存在就是在承担社会责任，因为你创造了用户，生产出产品或服务就是在承担社会责任。赚钱只是为用户创造价值之后的副产品，它是结果而不是目的。

管理学家彼得·德鲁克说："企业的唯一目的就是创造用户。"这也说明了，企业必须先有用户价值的存在，才会有可持续商业价值的体现。而要想创造用户价值，就要把握好以下三方面的内容。

1.用户是谁

这是一个永恒的话题，也是商业存在的立意所在。企业经营之所以不好，最大的问题就是企业与用户没有匹配，企业不了解为谁服务。很多经营者看似知道自己的用户是谁，其实非常模糊。不能清晰地描述出用户是谁，自然就无法在竞争激烈的时代深刻洞察客户痛点。

2.用户的痛点有哪些

用户的痛点有很多，企业如果真正关心用户，就会深刻洞察用户的痛点，深入了解他们为什么要购买你的产品。找到用户的痛点和选购的第一要素后，产品和组织就会围绕这些来展开。

3. 盈利模型的结构效率

有些企业即使有了明确的用户，盈利能力也很差。从菜单规划的角度来看，就是产品结构生成的盈利模型不锋利，经营困难。盈利模型的结构效率，既是企业的经营效率，也是用户的体验效率，双重叠加，才会产生倍速增长。创造用户价值，方显存在意义；构建高效盈利模型，企业才能脱颖而出。

构建创新到价值变现的时空隧道

只要搭建好天地人网的流量系统，流量问题也就解决了，接下来就到变现了。

变现，主要依赖于产品，因为产品是联结企业跟用户的桥梁。但用户购买的并不是产品，而是问题的解决方案。生活中用户会遇到很多痛点，如果你的产品能帮他解决这些痛点，那么你的产品就具备了价值。

现在同质化的产品太多，要让用户看到你，更好地帮助他们解决痛点，可以从三个维度去思考：功能、场景、情绪价值。而要通过产品创新，拥有差异化的功能，就要抓住上述三个重点中的一个。比如，你是卖空调的，可以主打静音、制冷快、除菌率高、一天只用一度电等。但只能主打一个亮点，不能面面俱到，否则用户不仅记不住，还无法传播出去。

如果产品找不到功能差异，就可以从场景入手。比如，咖啡虽然已经没什么创新空间，场景却可以不同：雀巢卖的是速溶，为差旅人士提供便利；星巴克卖的是家和公司之外的第三空间，卖的是格调；85℃把咖啡当饮料卖，跳出了咖啡竞争赛道；瑞幸在写字楼卖，便利的是商务人群。

通过场景创新，就会出现很多新商机。当然，如果场景也找不到突破口，还可以卖情绪价值。比如江小白，别人卖的是酒，它卖的是优质文案，顺便送酒。

第三章 "赋能型互动"重构商业模式

赋能服务流程正在替代产品流程

营销界一直都流传着这样一句话:"客户的离去,多半是因为你的产品;而客户的回头,大多是因为你的服务。"两个产品的功能相差无几,为什么会出现一个销售得不错,另一个产品的销售却差强人意?原因就在于"服务"。

我们还经常会遇到这样的情况:为什么有的企业只运作了短短两年时间,就能在行业中小有名气,而有的企业已经运营了四五年,却还苦苦挣扎在生存线上?

如果善于观察,你就会发现:真正拉开企业与企业差距的,是企业的"底层能力"。

什么是"底层能力"?就是那些明明很重要,却被企业管理者忽视的能力。这种能力每个企业都能轻松拥有，关键在于企业是否重视它，能不能发挥它的价值。

越优秀的企业，越重视自己的底层能力。因为，企业管理者知道底层能力是帮助企业跃升职场金字塔顶端的根基，基础不牢，地动山摇。企业只有运用好底层的能力，才可能衍生出其他更多元化的能力。

那么，什么样的底层能力才能让企业越走越远呢？比如，服务能力。企业要想吸引客户、留住客户，就要提高服务能力。比如，日本的百年企业，除了有匠人精神，更重要的是"服务到顾客感动"的服务理念。这也是迄今为止日本是全世界拥有百年企业最多的国家的原因之一。

当用户遇到产品售后问题，企业能不能快速、优质地为其解决？

当用户有急事需要工作人员快速解决，企业能不能为其有效、快速匹配上对应的服务人员？

如何才能让每一位来电用户享受到贴心、舒适的服务流程？

以上这些情况的处理方式和结果，都是企业能否赢得用户好评、留住用户的重要影响因素。

资生堂集团在创立150周年之际，为了更好地传递企业的环保理念，联手叮当互动发起了"明日花园"线上环保行动，打造理想美景，唤醒美与生机。

该活动由资生堂集团旗下多个人气品牌SHISEIDO（资生堂）、ELIXIR（怡丽丝尔）、IPSA（茵芙莎）、ANESSA（安热沙）、d program（安肌心语）、BAUM（葆木）、AUPRES（欧珀莱）共同发起，倡导通过四个日常生活中的绿色举措，让"未来之美，触手可及"。

不同于以往的品牌可持续发展践行方式，"明日花园"是首个多品牌联合的可持续发展活动，七大品牌影响力集结，广泛深入地传递资生堂（中国）的可持续理念和行动，充分展现了资生堂（中国）对可持续发展的决心和实践，体现出高度的社会责任感。

资生堂（中国）将可持续发展的目光从自身的环保生产扩展至包括消费端在内的产业链各环节。通过品牌和产品多元的触达形式，让消费者意识到日常的消费行为是实现可持续化的重要一环，环保触手可及。

在可持续发展的道路上，企业需要勇于承担社会责任，更需要来自消费者的意识觉醒，携手共创绿色消费路径。资生堂（中国）为每个消费者提供打造属于自己"明日花园"的机会。"明日花园"开始是普通的，它的美丽需要每个消费者自己去逐步创造出来。

消费者只要进入 H5，一座秘密花园就会映入眼帘，他们将通过一系列交互来完成探索这座花园的行动。团队将整个互动过程设计为以三个环保挑战小游戏为切入点，带领消费者用趣味性的形式一步步了解资生堂的可持续发展举措，引领消费者践行减塑低碳的绿色生活。

H5 开场是一段动画，引导用户逃离城市的钢筋水泥，进入梦想中的"明日花园"。H5 引导用户通过完成回收空瓶行动来获得"洁净的空气"；通过完成补充装填充来获取"干净的水源"；通过寻找环保包装箱来获取"健康的土壤"。这三个游戏是资生堂多年以来的环保行动，通过创意交互的形式，让用户体验到资生堂的环保理念，让资生堂和用户一起，将美延续。

一是回收空瓶行动。游戏围绕 d program 与屈臣氏线下空瓶回收活动展开，为消费者创造线上空瓶回收场景。用户只要在规定的时间内拖动沙滩上的空瓶子，将其投进回收箱，就能为"明日花园"解锁"洁净的空气"。

二是补充装填充。集团旗下五大品牌 SHISEIDO、AUPRES、ELIXIR、IPSA、BAUM 为消费者提供多款产品替换装，减少塑料和木材浪费，实现资源再利用。在规定时间内，用户只要将连接管旋转至正确位置，让补充装产品顺利灌进正装产品，便可获取打造"明日花园"三元素的"干净的水源"。

三是寻找环保纸箱行动。在细节中实践环保行动，资生堂旗下 ANESSA、ELIXIR、d program 自 2022 年 9 月起在天猫旗舰店开始使用少胶带的撕拉式碳中和纸箱，更易降解回收，减少自然负担。用户只要在 15 秒内找到三个撕拉式环保纸箱，即可获取打造"明日花园"三元素的"健康的土壤"。

用户通过游戏集齐"空气、水源、土壤"三要素后，洁净美丽的"明日花园"就会现身。资生堂（中国）执行总裁藤原先生作为花园大使，会引领用户进入"明日商店"，浏览活动的七个品牌专柜和产品信息。而这七个品牌专柜，是通过数字的形式，将产品信息融入 H5 场景中，展现产品特色，完成品牌传播的。

用户浏览完七大柜台后，可抽取"未来之美"盲盒大礼包。中奖的幸运用户，可获得资生堂旗下环保赠品一份，同时可选择用森林抚育替代实物赠品，获得资生堂（中国）独家绿色数字珍藏，共同守护八达岭森林。

从明日花园到八达岭森林抚育计划，资生堂在 H5 中致力于传递绿色、可持续发展理念，同时在整个 H5 闭环中完成消费者环保教育，从品牌和消费者个人做起，让美丽由自身扩展到地球，守护未来之美，与美共生。通过降低消费者体验绿色公益的门槛，以新潮有趣的参与形式，帮助消费者轻松参与到改善地区生态环境的活动中，来让他们更深层次地了解资生堂集团的可持续发展举措。

现在市场竞争如此激烈，几乎任何产品都可以被取代，企业规模、品牌优势、技术优势对客户的购买影响力越来越小，真正决定客户购买以及长期复购的因素就是忠诚度，而要想建立客户忠诚度，就要打造优秀的服务，让客户满意。

服务是一种无形的产品，而不是普通意义上的产品，它看不见、摸不着。真正的服务是根据客户本人的喜好使其获得满足，而最终使客户感受到被重视，把这种好感铭刻在他的心里，使其成为企业的忠实客户。具体如何做呢？

1. 预见客户需求

世界知名服务专家莱昂纳多·因基莱里在其经典畅销书《超预期》里提到过这样一个例子：

在酒店里，一名维修工程师正在更换大堂天花板上的灯泡。他眼角的余光看到一位女士和她的两个儿子正从泳池走来。他们裹着毛巾，身上还在滴水。这位女士手里拎着好多袋子，手忙脚乱地去开大堂的门，看上去很懊恼的样子。

工程师觉察到了她的窘境，于是放下手里的工具走下梯子，穿过大堂后面带微笑地为她开门。"欢迎回到酒店，夫人，"他说，"我来帮您拎袋子吧。您觉得我们的泳池怎么样？两个小家伙玩得开心吗？您要去几层？"他按下楼层键，然后走出电梯，重新回到他的岗位上。

这个例子展现了工程师的提前找准客户需求的专业能力和素养。提供有预见性的需求与服务，这是普通服务与超预期服务的区别。

在通常情况之下，客户明确提出的需求，往往只能满足客户的初级需求，他们也只会平平淡淡地接受。因此提高客户忠诚度，企业就要提供预见性的服务，提前了解客户的需求，找准客户的痛点，为客户提供满意的贴心服务。如果客户不清楚到底想要什么，企业就要站在客户的角度来主动挖掘他们的需求。

2. 设计关键环节体验

一般而言，影响客户消费行为的除了"峰点"（峰值时刻），即最好或最坏的时刻外，客户结尾的体验也会影响其之后的消费行为。这两个方面共同决定了客户的评价。

宜家，是把这个定律运用得很好的例子。虽然宜家的服务还存在一些缺陷，如店内的服务人员较少、商场设计复杂、结账排队时间过长等，但其对"峰终定律"的运用则很好，因而仍旧给客户留下了好的印象。

比如，"峰点"的设计，有展区和美味可口的小食；"终"体验包括出口处的1元冰激凌等，让客户在美食面前忘却消费过程中的一些糟糕的感受与体验。

可见，除了巅峰时刻的正负体验设计，终点体验设计也是最省事最快捷影响客户体验的一环。例如，在结束语一样的情况下，客服代表的语调微微上扬，带给客户愉悦轻松的感受，从而给客户留下好的印象。因此，设计一个好的服务结构是提高客户体验的好方法。

3. 为用户制造惊喜

提供超预期服务最常用的方法是制造惊喜。那该如何制造呢？可以遵循"加减法"。

（1）"加法"，即增加关怀。介绍一个熟知的"保龄球法则"：保龄球投掷的目标是同时击倒10个瓶子。看上去，同时击倒9个瓶子和10个瓶子的差别并不大，但击倒9个瓶子只能得90分，击倒10个瓶子则能得240分。由此可见，有时候，只多一点，效果就会大相径庭。

借鉴上述法则，在日常服务中，可以这样做：

关注客户生日，若客户来电日为客户生日，那么可以给客户送上生日祝福；

遇到节日等特殊时期，给客户特殊关怀；

客户开车时，可以提醒客户注意安全；

给予客户适时的赞赏，比如，客户的警惕性、对风险的意识等。

说令客户愉快的语言，适时表达共鸣，给客户带来惊喜的感受。

在适当的场景下多一些关怀，客户的体验就会不一样，相信也能收获惊喜。

（2）"减法"，即为客户减少费用与麻烦，让客户用最小的成本解决问题。例如，客户对于短信通知费用扣收表示不理解，认为收费不合理，那么客户代表除给客户解释，还可以给客户推荐相应的消息服务定制方法，申请免费通知服务。如此，不仅能让客户感受到客服代表的专业与关注，还能满足客户的需求与期望。

共同演化的生态圈商业模式

生态圈原本是一个生物学概念，也就是生物圈。百度百科是这样定义的："指地球上凡是出现并感受到生命活动影响的地区，是地表有机体包括微生物及其自下而上环境的总称，是行星地球特有的圈层。生物圈是地球上最大的生态系统。"商业生态圈，是指商业活动的利益相关者共同建立一个价值平台而实现生态价值的最大化，力求"共同进化"。如果将商业生态圈与大自然生态圈相类比，传统企业就是商业生态圈中的某一个元素，如某种植物、某种动物或某条河流。

如今，华为、百度、腾讯、阿里、小米……都在大张旗鼓地筹建各自的商业生态圈。商业竞争已经由产品生产到销售环节发展到了产业链生态圈之间的竞争，但伟大企业的成功，本质上是成气候，是成产业，而产业创新是企业家创新的最高层次。

随着科技的不断进步，智能家居已经不再是一种稀奇的事物，越来越成为人们生活的必需品。小米作为智能家居生产领域的佼佼者，其智能家居产品以性价比高、功能齐全、易于使用、外观简约为特点，备受消费者的喜爱。

小米公司致力于打造智能家居生态圈，在智能家居领域取得了显著成绩。截至目前，已经推出多款智能家居产品，包括智能电视、智能音箱、智能灯具、智能门锁等。

为了扩大自己在智能家居市场的份额并提高全球市场竞争力，2023年9月，小米宣布，未来三年将投入10亿美元用于研发和推广智能家居产品，包括智能家电、智能灯具、智能安防设备等。同时，加强与生态合作伙伴的合作，吸引产业链上、下游企业加入其智能家居生态圈，快速推动智能家居行业的发展。

这一举措，不仅可以推动智能家居产业的发展，为消费者带来更加便利、智能的家居生活体验；同时，随着全球消费者对智能家居产品需求的不断增长，小米其合作伙伴及其所打造的整个生态系统也必将迎来更多的商业机会和发展空间。

企业最有力量、最有分量的身份是"代表产业链"，卖点是"产业链"而不是企业自身。

企业领导并参与某个商业生态圈，其拥有的资源就会超出企业和组织的边界。比如，可以让企业更具竞争性，产品有更高的性价比，能高效整合，减少不必要的环节，更好地降低成本，更重要的是避免经济萧条。如果遇到了经济危机，原材料价格猛涨，产品卖不出去，有些独立的企业就会因产品价格、市场环境而倒闭；如果是整条产业链，上、中、下游的企业就容易优劣互补，让品牌继续发展下去。具体表现如下。

首先，建立"生态圈"，企业可以建立更紧密的合作伙伴关系，优化整个价值链，并在新技术、新业务和新市场等的开发上进行更敏捷的创新，提高企业的核心竞争力，并在竞争中取得优势。

其次，建立"生态圈"，可以优化企业资源的配置，让企业更有效地利用资源，提高生产效率和产品质量，实现产业链一体化的整合和优化，提高企业的资源利用率，从而为企业带来更高的收益。

最后，建立"生态圈"，企业可以拓宽其经营空间，与合作伙伴共享资源和市场，从而开拓更广阔的客户群体和市场空间。通过协同合作，企业就能分散风险，提高产业的整体效益。

此外，借助其他企业的品牌力量和广告宣传，企业还能提高其知名度和影响力；通过良好的品牌合作关系，提高品牌价值，吸引更多消费者，并在市场上获得更大的竞争优势。

总之，企业建立"生态圈"，就能通过建立合作关系、优化资源配置、拓宽经营空间和提高品牌影响力等方式，实现更大的竞争优势，占据更大的市场份额。随着企业生态圈的不断壮大，企业未来的竞争版图必将改变，从而有效推动企业的发展。

以定价权为目标重构企业品牌价值链

定价定天下。

价格是抽象品牌价值的一种具象化。平时去看品牌的产品，是无法评估其值多少钱的。而当企业给出了一个价格之后，就能清晰地知道该品牌产品值多少钱，用户应该支付多少价值去兑换这样的产品。所以，通过价格，让用户感知到品牌的价值，他们才能做出购买的决策。

对处在市场急剧变化中的企业而言，提高售价是短期内提高品牌价值的重要手段，也是企业在未来排位赛中占据先机的重要手段。我们以酒业为例来进行说明。

酒业每年都会经历一度乃至几度的"提价"潮，2021年显得更加特别。原本紧盯茅台的跟随者，在提价潮的影响下，纷纷开始抛弃"不超过茅台官方指导价"的默契，打破了价格的桎梏。比如，山西汾酒于2021年7月5日推出"青花汾酒40·中国龙"新品，建议零售价高达3199元，被视为汾酒向超高端市场进发的信号。

这是继2020年进军千元档后，汾酒方面第二次向更高价格层面的探索。2020年9月9日，以"长城之巅大国之酿"为主题的"青花汾酒

30·复兴版"上市发布会在北京居庸关长城举行。这是汾酒三年改革后首次发布的高端单品。当时的"青花汾酒30·复兴版"定价1099元，弥补了青花汾酒系列在千元价位带的空白。

推出千元档一年后，汾酒为何会积极进军更加高端的3000元档？背后既有汾酒自身实力壮大、信心高涨的内在原因，也有行业环境发生巨大变化的外在因素。

推出"青花汾酒30·复兴版"之前，2020年上半年汾酒实现营收约69亿元，同比增长7.8%；归属于上市公司股东的净利润约16.05亿元，同比增长33.05%，其中高端产品青花汾酒收入同比增速在30%以上。而推出"青花汾酒40·中国龙"之前，山西汾酒的增速更进一步。2021年一季报显示，山西汾酒实现营业收入73.32亿元，同比增长77.03%；归属上市公司股东净利润21.82亿元，同比增长77.72%。

这样的增幅在白酒上市企业榜单中相当亮眼。而5年前，在2017年的排行榜上，山西汾酒还排在泸州老窖和古井贡之后；在2021年一季报的榜单上，山西汾酒的两项指标均超越泸州老窖，排名整体榜单第四位。可见，在这样的态势下进军超高端，对于汾酒而言是"水到渠成"。在排名靠前的情况下，可以超高端的价值感稳固地位并持续向前。

对汾酒而言，超高的增幅让其有了挺进超高端的底气，外界的变化或许也给了其打破价格壁垒的信心。

实际上，此前其他名酒提价，已默契地达成了"不超过茅台官方指导价"的共识，鲜有其他名酒的主力或者新锐产品超过1499元的价格壁垒。但近两年来，随着酱酒热潮的兴起和茅台官方指导价的按兵不动，这一默契已被逐渐打破。

2020年年初，衡昌烧坊宣布提价——经典装从1199元上调至1599元，最高端的衡昌烧坊50年，终端定价到了29999元。作为市场新锐品系，衡昌烧坊所受到的价格限制相对较小，但是一些老牌名酒的价格同样也在打破壁垒。

2021年5月，西凤酒高端核心产品红西凤正式调价，市场价从1299元上调至1499元，自2021年6月1日起正式实施。这意味着此前被诸多名酒、非名酒仰望、紧随的1499元的价格壁垒，已经被逐步打破。

实际上，在消费升级、酱酒大热的市场环境下，此前被仰望的标杆已经开始被争相踏过。因为对处在市场急剧变化中的诸多企业而言，提高售价是短期内提高品牌价值的重要手段，也是企业在未来排位赛中占据先机的良策。尽管这一手段的有效性还需要经过较长期的市场检验。

价格的本质不是产品卖多少钱，而是客户认为值多少钱。

价格不仅是产品的一种价值可视化，也是客户购买产品的理由。所以，定价不要让价格和产品价值相匹配，更要洞察到客户的底层心理，要跟客户的认知匹配。设计价格，其实就是设计交易的适配器，它是营销的顶层设计，不仅关乎营销模式，还决定了营销投资和利益分配。

价格决定了产品在市场上的卡位，决定了客户群定位。企业将产品价格设计好，将产品投放到市场后，价格就会开启它的自动筛选器，把企业想要拉拢的客户筛选过来。

很多时候，价格都是客户选购时候的第一感知媒介。企业只要抛出价格，感兴趣的人就过来看，不感兴趣的人就直接走开了。这就是价格的自动筛选功能。所以，所谓设计价格，就是在设计市场挑战自己的目标客户。

从本质上来说，定价权就是企业创造了独特的消费者价值后消费者给予企业的收入回报。企业创造的消费者价值越强，其定价权就越稳固，因此，企业的投资人或领导者要特别关注企业的定价权。那么，企业的定价权由什么决定呢？

1. 进入壁垒

企业本身所经营的业务及其所在行业的进入壁垒越高，新进入者就越难分得一杯羹，现有的企业也便有了更强大的护城河和定价权。

高新的技术优势、品牌优势、规模优势、网络效应、正确的价值观等都可以成为行业和企业的进入壁垒。比如，同样是酒店和旅游行业，具有高投资规模、独特的地理位置、独一无二的资源、知名品牌优势、技术优势的企业则具有相对较高的定价权；反之，在激烈的竞争环境中，同质化高的酒店为了吸引客人，就不得不降价。

2. 行业集中度

行业里各企业所占市场份额之间的相对大小对定价权的影响更大，也就是看企业的相对市场份额。

行业集中度越低的行业、越"碎片化"的产业，竞争也就越激烈；反之，行业集中度越高，甚至是形成垄断的行业或企业，就拥有更高的定价权。比如，有些区域、某些知名旅游目的地，原本只有几家高端酒店，市场份额相对集中，酒店的定价权也高。但随着非标民宿产品的进入以及很多房东将公寓以售后返租的形式投入市场，使市场格局变得越来越碎片化，酒店经营者不得不面临定价权下降的困境。

3. 市场份额的稳定性

市场份额越稳定的行业，其内部竞争越弱，企业也就能够拥有更高的定价权，例如，高端白酒行业的知名白酒品牌茅台、五粮液的江湖地位相对稳定和集中，新进入品牌短时间内很难在消费者心中取得同样的品牌地位，所以市场可以给出高端白酒行业的龙头企业以较高估值。

4. 行业产能

越是产能不足、供不应求的行业，越会拥有更强的定价权。反之，如果供过于求，企业则面临激烈的价格竞争，甚至不得不陷入价格战，例如，重工业固定成本非常高，为了覆盖固定成本，企业就得进行生产，定价权弱些。而酒店行业的产能在短时间内相对固定，比如，一家拥有500间客房的酒店，短期来看，每天都要面临销售500间客房的压力，不能将闲置客房封存。这就给酒店行业的定价带来更大的挑战。

5. 行业生命周期

如同个人的发展一样，企业的发展同样会经历初创期、增长期、震荡期、成熟期、下降期。

初创期，企业未达到规模优势，往往定价高，例如，电话刚开始兴起时，家里安装一部电话要几千元，后来随着电话的普及，安装费用快速下降，最后甚至免费了。

增长期，企业开始形成规模优势，价格开始下降。

震荡期，企业面临激烈的市场竞争。

成熟期，行业开始整合，集中度提高。

下降期，企业面临产能过剩、供过于求的风险。

赋能用户，传统产业一样可以风生水起

当前，人们对大海的向往止步于网络，LAMER海蓝之谜（以下简称"海蓝之谜"）却用一场"美出圈"的海洋音乐会，满足了人们对大海的向往。

完美细腻的视觉技术加上立体感环绕的听觉体验，超自然的现场布景加上优质歌手与音乐人直击人心的演唱，海蓝之谜为人们贡献了一场既出圈又治愈的沉浸式音乐会。据官方数据显示，音乐会预约数193W+，多端总视频播放量2200W+。海蓝之谜着实"火"了一把。

诚然，近年来大大小小的线上音乐会都能引起一波热潮，给品牌带去一波流量红利。但对海蓝之谜而言，相比于流量，在这场活动中，他

们更希望通过社交互动的玩法，最大限度地呼吁人们保护海洋，为全球生态保护贡献自己的力量。

除了收获大众好评外，海蓝之谜"世界海洋日战略合作，创新互动持续守护蔚蓝生态"这一案例，还在腾讯广告主办的2022腾讯IN创新智慧营销奖中获得了"最佳事件营销奖"以及"年度大奖"。

在深入了解后，我们很容易窥见海蓝之谜"治愈又大气"的秘诀所在。

首先，通过趣味小程序，将有关海洋保护的相关知识传达给参与者。海蓝之谜打造了守护蔚蓝小程序，用户可以通过知识问答、低碳出行以及好友助力等方式获取蔚蓝心动值。而且，在使用这三种方式时，还有机会触发彩蛋生物，用趣味玩法吸引用户参与扩散，提高用户的参与意愿，达到宣传海洋知识的目的。为了吸引更多的参与者，海蓝之谜还基于腾讯广告，在微信上投放了出框式朋友圈，以及QQ好友首条动态，让这场活动可以覆盖更多的人群，使大家开始重视海洋保护这件事。而从数据来看，趣味式的"知识科普"+"创意广告"的投放，确实带来了不错的效果。可见，海蓝之谜不仅达到了海洋知识宣传保护的目的，还让更多用户实地参与到了海洋知识的普及中。

其次，线上音乐会的"轻娱乐"方式，让用户可以更深入地参与到海洋保护活动中。具体来看，海蓝之谜联合腾讯音乐娱乐集团（以下简称TME）四大平台及视频号触点同步直播海洋日公益音乐会，多组音乐艺术家共同打造质感现场，引发大家在朋友圈转发。为了进一步扩大宣传范围，海蓝之谜还围绕TME各触点及社交媒体资源进行宣传，不仅成功为线上音乐会引流，还提高了线上音乐会的参与度。线上音乐会作为一种更加生动的宣传方式，在较短时间内与用户达成了"精神共振"。除实现了海洋知识科普的直接价值，还在品牌形象的间接价值方面与用户达成了更深层次的长效联动。

如与用户之间达成了有效的价值与情感联动，更能激发宣传的有效性。此外，海蓝之谜与腾讯就"世界海洋保护"这一话题已经合作了四年。这次，延续了过去社交互动的形式，通过TME线上音乐会，激发用户情感价值，与用户在意识层面同频共振，从而达到宣传海洋保护的目的。

总体来看，有了腾讯的加持，在整个活动体系中，海蓝之谜可以触达更多的用户，深入社交生态，联动域内多触点，吸引用户参与海洋守护，提高海洋保护意识。同时，TME线上音乐会的形式也能激发用户情绪价值，宣传效果更佳。由此可见，海蓝之谜与腾讯无疑实现了双赢。

当然，对于海蓝之谜自身而言，更深层次的便是一种长期主义与可持续化的坚持。海蓝之谜作为雅诗兰黛旗下的明星品牌，已经连续10年坚持海洋保护事业。在疫情出现之前，海蓝之谜一直致力于线下活动，以实际行动守护海洋。后来受疫情影响，海蓝之谜不得不转战线上，以全新的形式继续进行宣传。

海蓝之谜遵循可持续发展的"长期思维"理论，在海洋保护传播与转化中通过用户心智来提高影响力，不仅考虑品牌自身，同时将社会、公益作为关键考量因素，承担起企业应有的责任，这也与当下的可持续发展（Environmental, Social and Governance，简称ESG，是指从环境、社会和企业治理的三个维度来评价企业经营的可持续性，即以社会责任来评估企业价值）等相契合。

当前，消费者越来越重视消费过程中的精神体验与情绪价值，换句话说，消费者更愿意为一个价值观清晰、正确且有温度的品牌买单。而品牌的知名度越高，企业肩负的责任与担当也更大，因此，企业应该确立正确而清晰的品牌价值观，用正面积极的品牌形象打动消费者。

这次合作，抓住社交场景与内容场景的创新点，不仅成功达到了宣传海洋知识的目的，也让品牌再次实现了破圈，获得了用户和业内人士的好评。

新商业时代，用户和企业的关系发生了深刻的变化，大致有以下这样几个。

1.C2B

C2B，是Customer to Business的简称，即从消费者到企业，是互联网经济时代的一种全新的商业模式。

互联网大行其道后，商业信息不对称的问题发生了逆转，用户主动呼叫产品的过程也成了定义产品的过程。比如，滴滴、美团、天猫、阿里、会员制农业等出现后，用户都成为下单的人，也就是发起者。而传统商业是接盘的人，很被动，C2B的趋势要求企业必须尊重用户的选择权，更高效灵活地定制化满足用户的需求。

2. 社交化

产品和服务更加深刻地融入用户生活，帮助用户分众和聚众地进行社交筛选。比如，很多有高消费能力的人都喜欢购买奔驰、宝马或者特斯拉，原因就在于这种方式可以很简单地筛选自己的品位，进而构成社会身份。当产品和服务可以定义用户社会身份时，其杀伤力远超痛点。社交化要求企业帮助用户分众和聚众，寻求群体认同感。

3. 后工业化

后工业化是比较抽象的，直白地说就是人类社会基本度过了产品匮乏的年代，当专业化和工业化为人类提供了大量高质量产品并在不断进步时，产品本身的价值属性边际增量就会递减，体现在商业上就是竞争更激烈，同质化更严重。这时候，要想超越竞争产品，就要尊重用户的生活调性和价值观。

那么，用户及其需求发生改变后，企业的"用户战略"应该如何变化呢？答案就是，关注并抢占用户赋能的制高点。关于此主要包括三方面，具体如表3-1所示。

表3-1 用户赋能方法及说明

方法	说明
连接	企业究竟要连接什么样的用户，连接什么样的需求，主要标准是能否在某个特定的消费生态中拥有生态制高点的话语权。比如，华为手机双摄的率先开发，就是因为洞察到了消费者抱有强烈的连接他人和环境的需求，于是华为就用这个点和用户形成双向赋能。华为帮用户拍摄最好的照片，用户则转发照片帮华为宣传产品

续表

方法	说明
价值沉淀	很多企业之所以不太关注价值沉淀，比如，做传统净水器、洗衣机和空调的企业，他们的想法很简单，就是卖货。但事实告诉我们，经营良好的企业都会关注属性沉淀。比如，格力的口号一直都围绕"专业和精工"展开，如"好空调格力造"，就是沉淀了用户的价值
赋能关系	直白点说就是，你的能量来自哪儿？给用户赋能的方式有哪些？比如，OPPO采用明星战略，无论是在中国大陆，还是在印度尼西亚和越南，都花费巨资邀请明星，把明星的能量转化为产品力，这就是一种有效的用户赋能方法。不过需要注意的是，要关注营销的边界，不能将所有的利润都放到营销上，甚至还可以更保守一点

以上，就是给用户赋能的逻辑和方法。其实，企业给用户赋能，和用户产生连接，也获得了自身赋能的机会。可见，企业和用户的本质关系是能量的交换，做企业就是要全心全意为用户赋能，离开了用户赋能，也就没有所谓的大企业和大企业家了。

赋能伙伴，强大者都是联盟经济

要想应对复杂且日益激烈的竞争，需要产业链各环节的企业互相扶持、共同发展。企业上下游之间要想合作，双方需达至互惠互利的平衡条件，否则就很难持久。

2022年，湖南株洲国际赛车场，举行了"2022吉利缤瑞COOL赛道嘉年华"。该活动将现场的气温明显提高了几度。在精彩的赛道漂移和特技表演活动结束后，赛道外临时搭建的一个演唱会场外舞台前人头攒动，在车友和媒体代表们发出一阵阵掌声和欢呼声中，陈小春作为缤瑞COOL全球代言人登台，演唱了经典歌曲《算你狠》，为他倾情代言的"狠角缤瑞COOL"打上了"狠车配狠人"的烙印。对于倡导"因快乐而伟大"企业文化的吉利公司而言，让用户喜欢的明星大咖来给一款定位"运动家轿"的年轻化产品献唱，是一件"你快乐我也快乐"的好事。

1. 选用户喜欢的代言人

在演唱会现场，一身清凉+潮酷范儿出场的陈小春，跟穿着黑Polo衫和绿裤子出场的范峻毅，在台上积极互动。在被问及为何选择陈小春代言缤瑞COOL时，范峻毅直言道："陈小春身上的特质和缤瑞COOL的风格很像，都是一直在挑战自我、寻求突破，从来都没有放松对自己的要求，有种敢闯敢拼的狠劲。狠车要配狠人，荧幕上的陈小春是狠人，但他在荧幕上和生活中完全是两种人。"在陈小春受邀拍摄MV的过程中，范峻毅近距离地跟他有了沟通和互动。短暂"交往"下来，范峻毅觉得陈小春既是荧幕上的"狠人"，又是生活中的好丈夫、好父亲。为了工作，他两地奔波，一直都很拼，在各方面都跟缤瑞COOL给人展示的气质相同。但像缤瑞COOL这样的新产品，主打高颜值设计、科技内饰和运动家轿定位，目标用户锁定在95后年轻消费者群体身上。用一个80后眼中的"偶像"来代言，目标用户是否要勉为其难地接受？为了解决这个问题，在正式决定和宣布陈小春代言缤瑞 COOL 之前，吉利公司还做了充分调研并征求了目标用户的意见，结果大家都觉得很好。

2. 将志同道合的用户聚到一起

自发布用户品牌"我们"后，吉利品牌一直都在努力构筑用户喜闻乐见的用户运营平台和活动 IP。行之有效的办法就是不断扩充兴趣小组，将志同道合的年轻人组团拉群——用圈层"黏结"用户，让用户开心快乐地"玩在一起"。这次嘉年华活动，除了邀请陈小春倾情助阵用户现场外，吉利公司还高调宣布将在用户品牌"我们"旗下成立"我们的赛车俱乐部"——鼓励对赛车运动感兴趣的吉利用户报名参加由吉利公司主办的"超吉联赛"，而该联赛使用的正是缤瑞 COOL 原厂量产车改装的统一规格赛车。

相同兴趣的人在一起，会有无限的话题，会有无限的可能。赛车俱乐部成立后，还会有改装俱乐部，能够把用户好的改装点子聚集到一起，甚至还可以进行商业化开发。

为了跟更年轻、更具活力的"双缤"车主"愉快地玩耍"，吉利公司在用户运营上也要求"线上 + 线下"全面打通。除了快速迭代用户 APP，吉利公司还在渠道终端加快导入 4.0 水准的形象店。如今，吉利公司正在导入 4.0 时代的展厅，它不仅是销售和服务的场所，更是用户社交和活动的场地，可以将用户互动体验做到极致。

赋能活动，能够为合作伙伴打造一个具有高价值信息的共享平台，提供专业的销售技能培训、合作政策宣讲、解决方案与案例介绍等，让合作伙伴更加理解厂商最新政策导向、了解所在市场领域的竞争态势等。具体做法是：

1. 瞄准合作伙伴的需求

随着合作伙伴市场拓展能力的增强，也会倾向于获得更多能力。因此，在赋能过程中，要围绕合作伙伴的不同能力来提供赋能内容，例如，针对销售能力，就可以提供产品详细介绍，帮助合作伙伴获得系统的销售话术。如果合作伙伴希望成为解决方案专家，就要提供面向行业用户的解决方案培训，以及项目客户案例介绍等。

2. 把合作伙伴当"合伙人"

如今，以ICT（"Information and Commu-nications Technology"，也称政企信息化业务项目，指为政府和企业客户提供"信息化应用"+"通信服务"整体解决方案）为基础设施的交付正向云形式转化，合作伙伴要尝试业务模式创新，获得更多帮助，拓展创新业务。

在企业生态之中，合作是重要的关键词之一，伙伴之间要以用户的具体需求为中心，在交付解决方案的过程中协同配合，这也是在赋能过程中，促进合作伙伴之间形成如同"合伙人"一般共生共赢关系的主要原因。

3. 进行培训的升级

为了让合作伙伴真正做到学以致用，可以采用线下培训营的形式把培训进行升级。同时，更频繁地组织合作伙伴线下见面、交流，会真正让彼此的联结更加紧密。不仅如此，还可以邀请业界资深培训专家共同为各位合作伙伴赋能。

4.技术保障更加优化

利用技术团队花费巨资打造的引流锁客系统，可以最大化地提高合作伙伴的工作效率。要真正"傻瓜式"的一键操作，一键生成海报、生成链接、生成文案，一次点击终身锁定客户。之后团队再接再厉，结合自己企业的APP力争实现平台交互、直播锁客等新的推广手段，让合作伙伴工作起来更顺畅。

5.玩法更加多样化、渠道推广矩阵化

除了自己的平台，公司可以结合抖音、视频号等短视频平台做多渠道推广，同时邀请合作伙伴共同打造短视频平台，从而实现矩阵式推广，让合作伙伴的玩法更多样。

6.整合资源、与合作伙伴共生共赢

整合各种优质资源，邀请投资界知名大佬、影视圈顶流明星等，一起打造以私董会为形式、定位高端的专属课程。这样不仅可以让合作伙伴推广更多的课程，也能让大家和老师有更多的交流，实现共赢。

将赋能和互动贯穿一切商业活动

随着新媒体的崛起，内容消费习惯发生了巨大转变，使多数传统品牌只能处于被动的商业语境下。与此同时，无数网红品牌凭借互联网平台异军突起,蚕食了传统品牌的市场份额。面对激烈的市场竞争,立邦和无数传统行业内的品牌一样,面临着年轻化转型的痛,迫切需要同年轻人建立联系。而营销作为品牌同消费者沟通的桥梁,成为立邦建立年轻形象的关键手段。

为了革新品牌形象,立邦主动靠近年轻人,首选年轻人的大爱——音乐。根据《Z世代用户音乐消费习惯洞察》数据显示,78.5%的Z世代几乎每天听音乐,所以只要选择音乐,品牌就能用年轻人喜爱的方式来触达他们。此外,音乐具备门槛低、可塑性强、传播面广的特点,能够像水一样,将品牌信息溶解在其中,润物细无声地传递给用户。在《刷新这世界》中,歌曲的主题定位正好同立邦"刷新"品牌精神和产品特点相吻合,通过歌词和MV,立邦将产品特征、品牌传播等诉求不动声色地传达给了用户。

1. 内容"刷新"品牌形象

立邦联合马赛克乐队从原创音乐内容出发,从时下年轻人的心理状态切入,介入被广泛关注的音乐文化议题中,自然地同年轻人打成一片。无论是音乐、歌词,还是MV画面,歌曲《刷新这世界》都洋溢着一种轻松欢快的氛围,传达了对于"刷新美好生活"的希冀。与年轻人时下心理诉求相吻合的"刷新"主张,更快速地获得了好感与支持。打响第一枪后,立邦立足B站和微博平台的#青春勇事#话题挑战;同时,为了延迟热度,还跟多个微信公众号的内容合作。这就是立邦对内容营销的整体布局。

B站头部UP主碰碰彭碰彭、果子哥哥工作室、浑元Rysn等，从音乐、舞蹈、搞怪等角度，用自己的方式诠释了歌曲《刷新这世界》，使"立邦"和"刷新"的关键词占领弹幕与评论区；在微博#青春勇事#话题页，集合了众多网友对自己青春回忆的分享。

随着UP主和网友对品牌活动的深度参与，立邦摆脱了以企业为中心的内容生产思维，演变为注重消费者需求与体验的"内容共创"活动。立邦从精神共鸣出发，用有温度的内容代替了宣讲式的信息传递逻辑，有效实现了提高品牌同用户互动频次的结果。

在不同圈层用户的主动传播下，立邦逐步将自己的品牌画像填充得更加完整、立体，真正成为同各圈层年轻人"共呼吸、同梦想"的自己人，从而将内容的沟通价值实现了最大化。这种从用户端找寻到的品牌定位，也使立邦更贴近消费者理想中的样子。

2. 掌握社交传播关键，品牌年轻化理念出圈

立邦"刷新这世界"项目传播的各个环节，都在包括QQ音乐、抖音、微博、B站等平台有所布局，进一步扩大了社交传播力。其中，QQ音乐更多辐射的是马赛克乐队的老粉丝；在B站，PUGC内容吸引了各小众圈层的粉丝受众；抖音、微信和微博平台则是更广泛的大众群体。通过这种全场景、全渠道的布局策略，覆盖范围逐渐扩大，极大地扩大了整合营销效果，让优质内容达到了"出圈"的效果。

除此之外，多渠道联动还进一步提高了用户交互时长，而这也是让"内容共创"发挥真正效力的关键。

从推出单曲《刷新这世界》，到号召网友参与#青春勇事#话题，通过步步为营的缜密布局，立邦将内容营销升级为内容战略，在"内容为王"的营销语境下，将客户中心主义完美落地，更将自己"品牌年轻化的坚定决心与切实行动"全面展现在人们眼前。从短期来看，在年轻化转型的过程中，立邦是在用情感共鸣来拉近品牌与消费者的距离；而从长期来看，则是将用户资产沉淀为品牌资产的无边界价值共创。

对一家有着多年历史的品牌而言，旧有的品牌形象根深蒂固，想要实现品牌形象转身绝非一朝一夕之事，立邦的整合营销玩法展现了其年轻化战略的成熟度，也值得让业内更多品牌学习。

广受年轻人喜爱的乐队与贴合心理诉求的主题结合，很快催化了营销活动的热度。从微博来看，《刷新这世界》MV播放量已经达数百万次、微博话题#青春勇事#阅读量突破三千万次，传播效果不俗。

在数字化运营中，传统的营销模式已经不再适用，互动已经成为企业用户运营的主要方式。因为数字化时代的用户更加注重个性化、定制化的体验，而互动可以帮助企业更好地理解用户需求，为用户提供更好的产品和服务。

传播是单向的，是企业向用户传递信息；互动则是双向的，是企业和用户之间进行交流和互动，可以更好地建立用户关系，提高用户满意度，从而实现用户运营的目标。因此，企业需要加强与用户的互动，通过社交媒体、在线客服、用户反馈等方式，积极了解用户需求。

如今，采用互动营销模式的企业，已经走到红利末期，"赋能型互动"模式将成为企业用户运营的主要方式。

1. 将欲取之，必先予之

在销售活动中，与客户打交道的时候，要清楚地明白一个道理：如果想让客户喜欢上你，进而喜欢上你推荐的项目或商品，你要先问自己一个问题——"我能为客户做些什么？"而被别人接纳的一个有效的技巧就是，使客户接受你的帮助，进而产生要回报你的责任感。

在回答了"我能为客户做什么"这个问题后，就要抓住对方的兴趣点所在，同时在客户的兴趣点上给予帮助。这种销售切入方式往往能成为生意的突破口。客户在接受了你的赠予或帮助后，必定要寻求一种回报。中国古话中所说的"将欲取之，必先予之"，就是这个道理。

事实上，企业能为客户做的并非只有送礼物这一条路可走。虽然大家面对的行业各有不同，但有些需求是具备共性的。例如，帮助客户提出市场开拓建议，给予分销商更多的销售支持，与客户交流一些新鲜的行业信息，等等。

切入点可以有所不同，但只要真诚地从对方的经营利益为出发点进行思考，客户就会感受到你的努力，从而为你的销售起到润滑与促进的作用。小到商品推销，大到商业布局，互惠的心理战术都发挥着同样重要的作用。

2. 鼓励用户参与活动

互联网消费时代，人们可能每分每秒都在接受着碎片化信息的冲击，让产品信息更深入地传达到消费者心中并非一件易事。互动式的传播能够满足用户使用产品过程中参与感的诉求,拉近用户与产品的距离,突破单一维度的内容,给人丰富的体验;也能让用户乐于接受广告所传达的信息,让传播的信息更深入地进入消费者的心中。

提高用户的参与感,让用户在活动中有真实的存在感,能够切实体会自身所带来的作用,通过品牌与个人用户的联结,提高活动的口碑,企业就能树立正面形象。

在产品同质化严重的当下,用户参与对于企业的营销有着十分重要的意义。很多时候,品牌活动、品牌传播只是一个道具,用户需要通过这个道具去表达自我,以获得人际网络中的社交货币。跟品牌单向的持续发声比起来,只有激发人们的内容共创力,品牌内容的输出才能更具感染力。

互联网的发展不仅颠覆了传统的营销方式,也改变了企业与消费者之间的关系。用户在品牌营销中的参与感,其实就是企业通过一系列的动作,达到与用户进行有效互动和沟通的目的。

3. 给用户足够的尊重

尊重客户并不仅仅是要为每位客户提供周到的服务,它包含了很多方面,现将具体内容介绍如下(见表3-2)。

表3-2 尊重客户具体方法及说明

方法	说明
尊重用户的时间	要求用户在可阅读的内容、得到的免费电子书、获取到任何你拥有的东西之前,需要先处理一大堆障碍,这种行为就是对用户时间的不尊重。如果你的注册表内容太详细且要求用户提供太多的信息,也是在浪费用户的时间

续表

方法	说明
提供清晰的说明	当人们知道他们应该做什么时，才可能感觉自己属于这里。要想让用户在新环境中感到被接受，首先就要学习一些规则，而要清晰地说明规则，就要给用户提供这种信心。比如，现在很多应用程序都会通过动画演示来提供说明指南。只要用户需要，就给他提供演示说明
提供人机接触点	用户随时都需要安慰，比如，"不，你做得很好""别担心，我们在这方面已经涵盖了它""不，那是我们的错，真的""不用担心，你说得对""好的，这是一个问题，但我们可以解决它"。企业要告诉他们，一切都会好起来，我们并没有造成不可挽回的破坏
尊重用户的意见和反馈	很多时候，客户提出挑剔的问题，并不是不想要你的产品，而是为了满足自己是上帝的想法。如果客户的要求合情合理，当然应该照做；反之，如果对方的要求有不合理之处，就不能生硬地拒绝，要使用一些推销技巧来应对。基本的做法是： 首先，认真听完客户的要求再回答问题。当客户提出问题时，必须认真地听他说，哪怕客户说到一半的时候你就知道不可能按照他的意思做，也得用心听完。因为只有这样，客户才能感受到被尊重。即使你下一步是委婉地拒绝，客户也不会觉得你是在敷衍他，而是实在不能做出让步。 其次，即使否定客户，也要显示谦虚的态度。要时刻记住，尊重你的客户。要用谦虚的心态和礼貌让客户觉得你不但是推销产品的专家，还是一个有修养的人。如此，客户才能产生和你进一步沟通的想法，你提出的意见客户也就比较容易接受了。 最后，永远不要表现得比客户更聪明。聪明是好事，但处处显露自己的聪明，则是非常愚蠢的做法

第二部分
商业模式设计和实战流程

第四章 平台和生态圈商业模式

基于核心竞争力的平台整合模式

企业核心竞争力，是指企业拥有的独特的、长期性的、强有力的资源和能力。这种能力能够使企业在竞争激烈的市场中具有优势，并以此获得相对更好的市场地位、更高的利润和更多的客户。这种能力决定了企业在其行业内的竞争地位，并在一定程度上影响着该企业的业绩。

先举两个例子。

案例1：牧原股份公司

牧原股份公司是集饲料加工、种猪选育、种猪育肥、屠宰于一体的全产业链公司，采取"全自养、全链条、智能化"的经营模式，凭借一体化优势，降低成本，提高管理效率，维持长期高速增长。

自繁自养模式提高了管理效率，维持经营活动的稳定。牧原股份公司采取自繁自养模式，能完全控制养殖场，食品安全体系可控有效。该公司不仅可以根据需求采用现代化养殖设备，还完全控制种猪上的自繁培育，保证了公司养殖体系中育肥猪的种源质量。在公司自建工厂的养殖体系下，公司可有效抵御非瘟疫情，维持生产经营的稳定。

牧原股份公司独特的轮回二元育种体系保障公司稳定生产。该公司建立了独特的轮回二元育种体（一种育植技术）。这种体系具有肉、种兼用的特点，其后代可以直接留种作为种猪使用，标准二元母猪通过与大白或长白的父本培育出新的伪二元猪。伪二元猪可直接留用育种，不会降低生殖效率，同时也可在种猪充足时转换成商品猪进行育肥。未来猪价发生触底反弹，伪二元猪可转换为能繁母猪，快速提高出栏量。

该公司成本优势突出，行业领先明显。现阶段，该公司养殖成本已下降到14.7元/千克，成本为市场最低。公司自建饲料厂，采用低蛋白饲料配方，降低了饲料成本。公司自建猪舍，严格把控水源、空气和饲料，杜绝感染源，降低了药品及疫苗费用。出栏量快速提高，摊薄了公司固定资产折旧上的费用。多因素协同发展，助力公司凭借成本优势领先全行业。

案例2：天邦股份

2021年，猪价下行，该公司养殖成本相对处于高位，全年业绩处于亏损状态。为了平稳穿越猪周期，公司通过多种方式增加现金储备。比如，通过出售饲料板块，现金回流超10亿元；在饲料支付方面，公司获得了供应链融资支持，获得了较长资金账期。对动保兽药进行集中采购，延长资金支付账期。同期,还开展了融资租赁业务,将建好的猪场进行置换,并对部分在建工厂暂缓建设,保证了公司资金相对充足。

剥离完饲料业务后,公司大力发展屠宰和深加工能力,从生猪销售向肉制品销售进行转变。公司将业务触角同时延伸到电商、深加工、生鲜团购、餐饮等渠道,全面打通了养殖和屠宰食品一体化经营渠道。

对于平台企业来说,可以通过整合重组的形式加快自身改革转型、提高投融资能力、推进供给侧结构性改革、发挥协同效应、增强核心竞争力和抗风险能力、优化资源配置、降低资源浪费和财务成本,提高资产运营质量和效率,在时代高质量发展中发挥更大的作用。

1. 资产整合

资产整合,是指企业在整合重组后,将原有的资产和重组进来的资产进行有效配置,使企业资产得到有效利用。一般来说,资产整合有两种策略。

(1) 剥离不良资产。不良资产不会产生净现金流,通常不盈利或少盈利,会削弱企业的核心竞争力、耗费企业资源,是资产重组首先要解决的问题。

(2) 整合优质资产。剥离了不良资产后,对剩下的优质资产要根据不同情况进行处理。对于不属于企业核心业务但盈利能力较强的资产,可以由原来的经营方继续经营;对于属于企业核心业务、符合企业发展战略、收益水平较高的资产,可以由重组方直接经营。

在整合过程中,要对资产进行详细梳理,明确各类资产属性。要规范管理公益性资产,积极利用经营性资产,并根据平台公司发展战略推动优质经营性资产注入，扩大和增强平台公司资产规模和经营实力。

2. 业务整合

不同类型的业务其所能发挥的作用是不同的。近年来，为了快速扩张，平台公司根据自身优势、战略发展需要和政策要求通过重组的方式积极拓展业务板块，在这种情况下，业务整合也就成了必然。而要想做好业务整合和调整，就必须梳理现有业务，以可操作性和可持续发展为原则，明确平台公司的功能定位、分类要求、长期战略目标以及企业的主业范围和涉及其他业务，更好地突出主业，将优势资源进行合并，形成合力，增强竞争实力，实现企业经营规模和经济效益的增长。

3. 管理整合

管理整合包括人力资源整合、战略整合、组织架构整合、财务整合等，具体内容如下（见表4-1）。

表4-1　管理整合内容及说明

内容	说明
人力资源整合	企业进行了平台的整合重组后，可能会产生许多人员问题，比如，企业不够重视人力资源整合，造成人力资源配置不合理及人才流失；企业没进行妥当的人员分流和安置处理；在重组过程中，企业忽视了员工的心理健康，员工的工作效率和积极性下降，影响了企业的经济效益。为了应对以上问题，平台企业可以采取以下措施：建立"岗位+绩效"的市场化薪酬体系和更加适应市场经济的企业内部管理运营新机制；成立人力资源整合小组，采用科学的方法对员工进行素质评价，合理配置人力资源；实施科学合理的员工安置计划，对下岗员工提供再就业培训，合理安排员工分流；加强与员工的沟通交流，保证人力资源整合各项工作的有序开展

续表

内容	说明
战略整合	整合重组平台后，企业要重新制定整体的发展战略。从重组后公司内部的变化入手，分析是否通过重组改变了市场地位、业务方向如何变化、是否开展新的业务、内外部环境如何变化、是否出现了新的机遇和威胁，重新确定企业使命、价值观及长期发展目标等。通过共同规划、建立双方共识，加强双方核心业务的协同性，在重组企业的各业务单位之间形成一个相互关联、相互配合的战略体系，推动双方步入统一节奏，提高战略协同
组织架构整合	组织架构整合是将重组方与被重组方的组织架构进行有机结合并在此基础上进行相应的调整和革新，借此可以提高效率、理顺职能、促进文化融合等。组织架构在整合过程中要符合企业总体战略；要根据实际情况、因地制宜地选择管控形式；要保持权利及义务的对等，分工与协作结合，建立明确的岗位责任制；控制组织架构的规模，减少管理层次及整个经营决策链的长度，设置高效的信息传递模式，防止各职能部门出现各自为政的情况，保证企业管理决策的快速传达和科学执行
财务整合	在重组前许多企业的财务流程已经根深蒂固，企业在重组之后，想要整合财务管理机制与会计制度，会有一定的难度，如果整合不到位，势必会影响后续经营活动的开展。因此，平台企业可以从以下几方面入手：对重组后的实际情况进行分析，对财务管理机制进行创新，完善财务流程及成本管理流程，对融资活动进行有效的控制；将双方企业的财务人员组织到一起，进行综合培训；加快财务信息化的建设及双方企业财务系统的融合建设，促进重组企业的综合性发展
企业文化整合	企业文化整合的过程，是企业共同价值观调整、再造的过程。文化是隐性的，根植于员工头脑中，实现其整合较困难，因此文化整合的重点是使双方保持互相信任、互相尊重的关系，培养双方员工能和不同文化背景的同事共事的能力，使双方能够在文化观念、思维模式、发展战略、管理模式和制度等方面达成共识。因此，文化整合必须坚持求同存异彼此尊重、领导带头循序渐进、自上而下党建引领的原则，在尽可能短的时间内实现企业文化的交融

将不可替代性视为演化进步的准绳

对企业来说，不可替代性是使其实现附加价值最大化的表现。一个产品在市场中不可替代的独占性，在不断施展权威的同时，也在不断满足消费者的相应需求。企业在发展过程中，只有不断提高产品或服务的不可替代性，才能吸引消费者，继而获得高利润，不断发展。

说到这个不可替代性，就不得不提一下共享单车。因为近年来，由于行业资源大幅度重合而导致失败的案例数不胜数，最典型的当数共享单车。

共享单车概念由来已久，在2016年迎来高速发展期，那一年也被称为"共享单车元年"。一时之间，巨量的创业者和资本涌入该市场。

其实，多数共享单车创业者的想法非常简单：共享经济是热点，更是大势，即使自己的企业与品牌还不是独角兽，但也可以蹭一下热点、做个跟随者，即使将来无法继续，最差也只是将手中的单车资源折价卖给同行。

电梯广告业便是这样操作的：小电梯广告企业占领区域市场后，再将手中的资源卖给电梯广告巨头"分众传媒"等。遗憾的是，共享单车不是电梯广告，其硬件投入、经营维护成本皆居高不下，而且它也不像电梯广告那样拥有较强的资源稀缺性。更重要的是，共享单车行业中曝光度高、使用率高的只有摩拜、ofo等领导品牌，而其他小品牌很难得到消费者的认可，最终在市场竞争中逐渐走上了下坡路。

任何一种新的商业趋势出现后，都会经历一个不理智的高潮期，在此阶段，无数新企业、新品牌会涌入这个新市场。这一过程中，整个行业都会因为资源稀缺性而发生变化，并出现所谓的"风口"。很多人以为看到了机遇，并跳入风口，结果整个市场慢慢变成红海，继而出现激烈竞争。

在最初，那些身处红海中的企业都会认为自己找对了市场、找准了用户需求。但因企业商业模式不明确，且自身并没有掌握独特性、稀缺性资源，整个市场很快便会进入下一阶段——幻想破灭期，幸存者会一点点复苏并进入成熟期。

共享单车行业之所以会没落，是因为看似空白的市场与需求其实是暂时的，是因为用户需求暂时未被满足而产生的"时间窗口"。它并不能充分体现其自身的价值，并没有洞察人性，在这个过程中，"破坏"的现象特别严重，很多情绪不好的人把共享单车作为一个出气的道具，所造成的随处乱放的情况导致与政府有关部门的关系紧张，影响到有效投放。真正优秀的企业，可能会因为时间窗口而赢得发展机遇，但其之所以能进入成熟期，关键在于它们能够通过市场表象找准供给关系，再重新组合新的稀缺资源。

什么是新的稀缺资源？在商业领域中，能够让交易双方讨价还价时使用的筹码就是稀缺资源。例如，在传统零售行业，大商家的筹码就是自己的品牌。日化品牌宝洁用自己强大的品牌知名度和市场影响力，争取了更好的货架位置、更高的毛利率；大型超市沃尔玛利用自己有限的货架位置与巨大的客流量，争取到了更低的进货价格。

互联网时代，随着大量电商企业的出现，传统线下渠道的作用不断被稀释。比如，亚马逊之所以成为全球电商巨头，是因为它们发现了互联网上的稀缺资源已发生了改变。在网络世界中，稀缺资源不再是货架位置、渠道甚至流量，而是有黏性的优质用户、高效率的物流体系等。为了获得这两大稀缺资源，亚马逊做了两件事：建立会员体系，并自建物流体系。

另一个例子出现在国内的内容经济市场上。传统媒体领域最稀缺的资源有三种，即内容、发行渠道与广告主。而微信公众号带来的则是对内容的部分革命，对发行渠道的彻底革命。通过微信公众号，所有人都有机会产出内容、触达读者。用户发现了这一机会，于是无数微信公众号应运而生。可是，随着时间的推移，很多微信公众号运营者发现，做微信公众号赚不到钱了。原因就在于，微信公众号先行者赢得的只是短暂的时间窗口，并非稀缺资源，而是时代大背景下，在机遇面前人人平等。每个人都可以做一样的事，比如，写文章、运营公众号。但若文章没有深度、内容枯燥乏味，就没有核心竞争力，也就没有用户留存。

如今，进入微信公众号运营领域的人越来越多，用户的眼光也变得越来越挑剔，流量获取日渐困难，运营成本越来越高，普通微信公众号的利润率越来越低甚至不再赚钱。所以，企业想要发展壮大，就必须找到新的稀缺性资源，并要想办法将资源掌握在自己手中。

轻资产可以整合重资产的模式设计

数据是数字经济的关键要素和核心资源，数据的流动和共享不仅创造了新业态新模式新消费，也催生了新的商业生态。比如，轻资产模式。所谓轻资产，是指企业紧紧抓住自己的核心业务，而将非核心业务外包出去。简单来讲，"轻资产"就是偏向于无形资产，其核心并不是实实在在的东西，而是一些看上去比较"虚"的东西。这些"虚资产"占用资金少，轻便灵活，这也是轻资产创业"轻"的要点。

数字经济时代，数据高速流动和开放共享，作为数字经济最重要的资本和生产力，数据得到了前所未有的发展。共享互通的互联网平台推动着商业流程的跨界融合，是新业态新模式新消费和新商业生态的最佳场所，进一步促进了双边市场和平台经济的发展。

举个例子。凹凸租车是一家在共享租车领域埋头耕耘多年的公司，凭借轻资产、真共享模式和精细化运营能力，证明了共享经济企业的真正价值。

凹凸租车于 2014 年 5 月上线，其租车模式另辟蹊径，用 P2P（个人对个人）模式为中国租车用户和车主带来租车解决方案。通过凹凸租车，租客朋友可以更经济更便捷地租到想要的车；同时，车主也可以将私家车放心地交到凹凸租车平台上，赚取额外收入。

根据最新公布的数据显示，目前凹凸租车业务已覆盖北京、上海、广州、深圳、南京、杭州等 60 座城市，注册用户突破 1000 万人，注册车辆超过 50 万辆，车型逾万款，占据共享租车行业 80% 的市场份额。

在共享出行的风口下，坚持精细化运营，从小而美到行业领跑者，时间正在见证凹凸租车商业模式的含金量。从 0 到 50 万辆车的增长规模，凹凸租车发展速度远远超过 B2C 平台的重资产模式，表现亮眼，成为业内黑马和共享租车赛道里的头号玩家。而凹凸租车与国内现有租车平台最大的不同点正在于其租车模式的"轻资产"。

传统租车企业的车辆都需要企业购买并维护，但凹凸租车的车辆全部来自车主个人共享，这是凹凸租车的"轻"之所在。

回顾共享出行过去的高潮与低谷，比如，曾经风头强劲的共享单车，自购车辆，自行维护，资金压力很大。而对于那些一开始以轻资产模式为主的公司，并不会造成太大的成本困扰。数据可以赋能产业转型升级，颠覆传统企业资产结构，激活传统企业资源，一切朝着数字化资产、轻资产方向转变。

轻资产与重资产的本质区别在于：重资产型企业的实体资产更多，对企业所处的生态系统掌握程度较小，灵活度较低；轻资产型企业虽然实体资产更少，但对企业所处的生态系统掌握程度较大，可以充分调动企业外部资源。

轻资产模式是数字经济时代创业必须守住的底线，也是数字经济时代的重要特征。如果某项创业需要投入厂房、设备、生产物资等资产，这就是典型的重资产模式。数字经济时代，数据是最重要的价值，代表着新生力量和发展趋势，而数据又是看不见摸不着的。一切基于数据而衍生的产业都欣欣向荣，一切基于数据而发展的资产都蓬勃发展。所以，创业就要亲近轻资产，远离重资产。

轻资产模式一：运营品牌输出

如今，售卖乃至分拆"运营能力"，已经成为不少产业企业轻资产路径的共同选择。该模式有诸多优点，比如，可以较少资金和较低风险实现企业规模化布局；快速新增可协同园区，实现外溢资源的变现；为重资产项目进入新的探路；培育新的营收增长点，甚至分拆成为富有故事性的独立业务。

2002年，海澜之家在南京中山北路开出了第一家店。随着中国经济高速发展，海澜之家门店渐成规模，一件件服饰陪伴国民生活，触达全国各地数亿消费者。在国内服装市场一片惨淡时，海澜之家不仅没有被淘汰，反而越做越大。海澜之家的成功让其商业运营模式备受关注，"海澜模式"在服装界业内广为流传。

2002年，周建平到日本考察，对优衣库的模式产生了浓厚兴趣，然后参考优衣库的模式，设计了更轻的模式——"外包"+"加盟"。简而言之，就是为了实现资源的优化配置和较高的投入产出比，将生产、销售环节全部"外包"，公司专注于品牌、供应链、销售网络的标准化管理。海澜之家在上游的供应链主要依赖供应商，下游品牌则拥有多数门店的实际经营权，能够及时把握重度数据并灵活拓展门店，更快地实现渠道下沉。

海澜之家的轻资产模式是典型的 S2B2C 模式。加盟商拥有加盟店的所有权，既不用支付加盟费，也不承担存货滞销带来的风险；门店的管理、商品、员工培训全都由公司负责；门店的标准化管理包括形象策划、供货、指导价格、业务模式、服务规范等，相当于除了门店，其他都是海澜之家自己的，加盟商只要和公司销售分成即可。

借助该模式，海澜之家在 2014 年成功登陆资本市场，并在 2018 年暴涨至 900 亿元市值巅峰。截至目前，海澜之家已经在全国裂变了超过 6000 家门店。

此外，海澜之家还整合上游，产品直接向供应商采购，采购模式以"可退货为主，不可退货为辅"，大大降低了供应链成本。其通过供应链端的智能化改造，跑通了柔性供应链，能对产品销量做出快速反应；同时，海澜之家还会参与供应商的信息化建设、产品研发、面辅料采购、产品生产等各环节，从源头提升性价比。

虽然 2022 年的年报呈现的营收与净利润增长乏力，但这种轻资产创造的业绩，依然不可小觑。

轻资产模式二：搭建产业服务平台

以产业服务平台赚取管理与服务收益的模式，是产业发展的主流方向。即从产业的角度出发，以产业为核心，聚焦产业黏性的价值，为产业提供相应的配套和服务，增加服务端的比重，以增值服务为核心盈利点。

北京联东投资（集团）有限公司（简称"联东"）是产业园区市场的标杆企业，是各家竞相研究和学习的对象。自2015年"联东"开始在园区轻资产服务领域，首个轻资产服务项目落位南京江宁，此后在六安、镇江等地陆续落地了一批轻资产项目。

"联东"构建了"两院四平台一矩阵"的数字化服务体系，用数字化重塑产业组织和园区运营的核心能力，全面向服务科技转型。"两院"，指的是联东产业研究院与U谷建筑设计研究院，解决了产业精准定位和产品精准匹配的问题；"四平台"，指的是数字化产业研究平台、联东云大数据平台、数字化园区管理平台和链上U谷，解决了精准招商、精准管理、精准服务、精准交易等问题，可为政府和企业提供更加高效的服务赋能；"一矩阵"，则是指U谷金融服务矩阵，通过整合谷内外金融资源，以科技金融赋能企业成长。

其中，由数字化产业研究平台构成的"产业大脑"，依托"联东"多年积累的新兴产业研究样本和海量产业发展研究数据，形成了联东U谷独有的数据研究资产，能够为区域产业定向培育、招引贡献价值。联东云大数据平台通过对产业进行智能分析，应用产业链招商、关键词引擎等功能，锁定高新、规上、专精特新小巨人等潜在目标企业，辅助相关部门做出精准决策。数字化园区管理平台则着眼于"智慧园区"打造，将大数据和物联网融合到一起，提高了园区管理效率，为企业提供精准融资等服务。

中科美城作为科技部认定的国家级众创空间，在经营理念上有诸多创新的板块。笔者作为第二届 STEM 世博会宣传片中国公益形象代表人物，宣传和推动中国青少年 STEM 教育的发展；笃定"陪伴科学家创业"的理念，作为多家科技企业的顾问，指导并孵化多家成长型企业；在高校给大学生讲创新创业通识必修课，通过理论讲授与案例分析相结合、经验传授与创业实践相结合，使学生掌握创新创业的基础知识和基本理论，熟悉创业的基本流程和基本方法，了解创业的法律法规和相关政策，培养学生的创新精神，激发创业意识，提高实践创新创业能力，促进全面发展。公司自成立以来，一直以打造科技互动、科普教育、产业服务、孵化投资为一体的一站式赋能生态型创新创业服务平台，定位"创业者梦想起飞的地方"，通过增值服务为初创企业提供创业扶持，致力于构建创业者生态圈。在各级政府部门的关心和指导下，中科美城与行业上的知名投资机构、高校、产学研机构、双创载体、金融机构、科技服务机构、创客团队等举办不同类型的创新服务活动，共开展了 600 多场的创新创业项目路演、沙龙论坛、科普教育活动，包括"湾区论道""青春学堂""总裁下午茶""创新科普行""5G 科技嘉年华"等品牌性的活动，孵化多家国家高新技术企业和专精特新企业，精准服务创客团队，构建有行业水准的创客导师团队，有力促进辖区创新创业氛围的聚集。

"轻资产"的核心是"服务","卖服务"是"轻资产式"产业的新活法之一。在运营环节上讲,"卖服务"的基础依仗前期的夯实招商。只有保证足够的入驻率,才能形成"卖服务"的用户基础。之后,再去思考卖什么服务、怎么卖以及如何增强用户黏性等问题。

除此之外,企业要靠"轻资产"活下去,而并非靠"轻资产"讲故事,仅凭"卖服务"这单一来源,难以活得滋润。

孵化器和赛马机制主导的模式设计

"赛马机制"被视为腾讯之所以好产品频出的一个重要因素。

所谓的"赛马机制",其实就是不管是内部的什么项目,比如,QQ空间、QQ游戏,以及大家耳熟能详的微信和游戏《王者荣耀》,都不完全是顶层规划的结果,而是来自基层业务单元的独立创新。各团队做出产品后,可以放到线上竞争,进行PK,选出最好的,之后总部就会根据竞争结果来决定分配多少资源去推广这个产品。

这个机制最早源于"QQ秀"的开发。当时腾讯市场部的新人提出了学习sayclub.com社区用户,根据自身喜好付费更换造型、购买道具的功能。上新产品是研发部的职权,跟市场部无关,但管理层给这个新人抽调了3名程序员和1名美工。最后,"QQ秀"大获成功。

在腾讯游戏崛起之前，QQ秀和SP业务是腾讯的两大核心盈利模式。"QQ秀"的成功也让腾讯内部形成了一条不成文的规定——"谁提出，谁执行""一旦做大，独立成军"。

"赛马机制"决定了腾讯历史上多个重要的转折点。

最近两年最现象级的游戏，当数《王者荣耀》。它的开发团队叫天美工作室。天美工作室的前身叫"卧龙工作室"，成立于2008年。多年来，该工作室没开发出特别成功的游戏，每年评"年终奖"时都很惨，在内部大家都叫它"酱油工作室"。后来，姚晓光收编了这个工作室。

当时，腾讯内部觉得MOBA这个游戏类型——也就是王者荣耀、LOL、DOTA等类型的游戏值得试一试，于是，腾讯内部就展开了"赛马"。几个工作室都在研发类似的游戏，其中就有天美工作室，他们做出来的游戏名字叫作《英雄战迹》。结果刚研发出来，另一个工作室的产品也出来了，名字叫《全民超神》，玩法几乎一模一样，两个游戏还在同一天开始测试。比较之后，天美工作室的《英雄战迹》全面落后，各项数据都不如对方。然后，天美工作室又花了一个多月时间，修改了游戏模式，替换了名字，先改成《王者联盟》，10天后改为《王者荣耀》。就是这种不停地改动和迭代，让《王者荣耀》一飞冲天。

腾讯游戏见到这个势头，开始加大资源投入，最终把《王者荣耀》打造成了一个日活超过5000万、巅峰时期月流水三四十亿元的超级爆款。

"赛马机制"在很多公司都存在，这也是催生优秀产品的重要方式。

"赛马机制"显而易见的好处是，可以培育出微信、《王者荣耀》这类现象级的产品。

2023年，联想集团发布了2022—2023财年第一季财报。财报显示，第一财季营收1145亿元，同比增长5%；净利润达36.7亿元，同比增长35%。值得关注的是，除个人电脑以外的业务营收占总营收的比例达到37%以上，创历史最高水平。SSG方案服务业务、ISG基础设施方案业务、智能手机业务均实现营收双位数增长，共同打造了联想集团的第二增长曲线。

自2018年起，联想集团明确了智能化转型的道路。次年，联想集团制定"3S战略"，开始智能化转型。所谓"3S战略"，指的是智能物联网、智能基础设施和行业智能。与3S战略相匹配，联想集团进行组织架构调整，成立IDG智能设备业务集团、ISG基础设施方案业务集团、SSG方案服务业务集团等三大业务集团，改变了过去各业务集团分别对接客户的销售组织模式，调整为统一的中国区和国际销售组织，以统一的界面面对客户，为客户提供和交付综合解决方案和服务。

联想集团的业务模式发生了改变，从原来的交易模式变为后来的服务模式，通过全球运营平台，将总成本降到最低，实现效率最优化。

联想集团的核心能力包含三个支柱、两个基石。三个支柱分别是技术创新、服务导向的转型与社会价值。两个基石是"同一个联想"和数字化基石。

在业务转型、核心能力刷新外，联想集团还实现了操作系统的升级。

所谓操作系统，就是管理模式和发展手段，包含三个层面：业务的差异化管理（分域管理）、能力建设和激活组织活力。

1. 业务的差异化管理（分域管理）

为了完成各个领域的业务使命，提高企业整体竞争力，对多元化业务进行分域管理，将业务分成转型域、绩效域、孵化域和平台域，针对不同的业务制定相应的衡量指标、激励方案和管理方式。

2. 能力建设

针对不同业务性质，采取不同方式获取业务发展所需的能力，可以自建或收购的方式补充能力，也可以用生态的方式，扩展能力。

3. 激活组织活力

建立蓝军机制，即通过内部孵化、并购等方式构建蓝军与主营业务（红军），形成赛马机制，加速新业务的发展。

赛马机制理论认为，企业领导者的主要任务不是发现人才，而是建立一个可以出人才的机制，并维持该机制健康持久地运行，给每个人提供相同的竞争机会，把静态变为动态，把相马变为赛马，充分挖掘每个人的潜质，同时对各层次的人才进行监督，让他们压力与动力并存，更快地适应市场需要。活用"赛马机制"，孵化优质子公司，各板块子公司市场定位清晰、优势能力突出，就能为公司业绩高速稳定增长及长远发展奠定坚实的基础。

第五章　云经济模式和云智能模式

数据服务商正在赢得商业未来

数据服务商，一般指从事数据收集、处理并对外提供数据服务的机构。这里说的数据服务商，指的是收集消费者的个人信息并转售或与他人共享信息的公司。

数据服务商作为新兴行业，有多种不同的名称，比如，数据经纪人、Data Broker、数据代理商、信息经纪人、信息经销商、信息产品公司、联合数据经纪人、数据提供者、数据供应商、数据中介、数据中间商。

在互联网高速发展的今天，一个全新的大数据时代已然来临。在数字经济时代，只要拥有大数据，也就拥有了大的商机。数据服务商，主要指个人数据服务商。不断产生的海量个人数据价值无限，可以驱动消费经济和数字经济创新，但由于涉及消费者权益而敏感，还会产生大规模数据泄漏系统性事件发生。

互联网科技的飞速发展，在社会宏观层面上提高了生产力，改变了原有的生产关系。在微观层面，大数据和云计算导致企业商业模式及其要素关系发生了重大变化，成为商业模式创新的推动性因素。

大数据时代，商业模式创新是企业发展的关键之一。企业只要深入了解用户需求、紧密关注技术趋势、持续创新和利用跨界合作等手段，就可打造具有竞争力的商业模式。

慕尚集团的数字化建设已经进行了四年，严格意义上来说，该集团从2019年开始在整个市场推行了数字化建设。2020年，慕尚集团融合所有业务系统上线了全渠道业务中台。

在上线平台的过程中，集团整合了业务基础数据，并成立MDM项目组，到2021年MDM一期上线。在这个过程里，工作人员发现了业务和技术不兼容的问题对平台上线的影响，于是成立了数据中台项目组，并在2021年下半年对整体业务需求和全域数据进行了整理。

2022年，慕尚集团进行了BI、可视化工具的选型和上线。在过去，他们有很多业务数据系统，也使用过国外厂商的BI产品，但在使用过程中发现这些数据系统并不适合国内应用，后期的运维能力也无法得到满足。为了找到一款贴合品牌业务需求的国产BI，慕尚集团最终选中了观远BI。

在过去，业务用数据做分析是分散性的，数据口径不统一。通过观远BI，慕尚对集团多源数据进行了统一管理，实现了统一数据标准化，宣导数据口径的唯一且一致。

在过去，建设 MDM 和数据中台之前的系统架构，所有的源数据会从不同的系统进到业务中台，再由业务中台分发给其他的下游系统。这些流程是无序的；同时，通过 API 等各种形式接入数据很容易造成数据的缺失和不完整性。在数字化转型后，所有的基础数据都从主数据系统推出来，是公司数据的唯一入口，通过主数据推送给所有的业务系统，包括 OA、WMS、供应链系统、CRM 等，再由业务系统推送给财务系统，进行每日的链接或财报输出，应用层则会在 POS 端、OMS 端，以及微商城、钉钉、企微等实现数据化。

2020 年，公司上线了数据中台，所有的数据都来源于业务数据。当然，基础数据还是从 MDM 流向主数据。两者相结合，下分了四个数据层。

数据采集层。采用批、流数据处理方式。BI 需要实时性的统计数据，供高层管理层做决策使用，而业务层需要用的数据量更大，除了指标性数据，还要用底层数据做个性化分析。

中间数据层。由数据中台进行数据清洗和数据整合，数据中台由信息部自建。

数据模型层。对清洗和整合完成的数据进行多维度的分析和计算。

数据应用层。通过观远 BI 进行可视化分析，对元数据和数据流进行管理，实时洞察和分析数据。通过内嵌在钉钉里的 BI 应用进行数据监控，数据异常会通过钉钉推送消息预警，保证数据的及时处理。

在数字化转型浪潮下，AI相关技术的持续升级，加速了大数据时代的到来。数据既是当前的新兴战略资源，也是各大企业实现创新高质量发展的重要抓手。大数据对传统型企业的冲击和改变是前所未有的，企业可以利用大数据实时、感知和预测等特点来降本增效，赋能产业升级，构建竞争优势新维度。

什么是数据化运营？从通用解释来看，数据化运营是指通过数据化的工具、技术和方法，对运营过程中的各个环节进行科学的分析，为数据使用者提供专业、准确的行业数据解决方案，达到优化运营效果和效率、降低运营成本、提高效益等目的。

简而言之，数据化运营就是从数据角度出发，优化和提高业务的运营效率，是当前企业提高利润率、降低成本的主要方式之一。一般来讲，数据化运营涵盖了市场战略分析、市场营销分析、网站运营分析、会员运营分析、客户运营分析、商品运营分析、用户体验分析等各方面。

数据化运营要想成功落地，最理想的状态就是企业从全局范围考虑，打通各部门的关键数据节点，在解决痛点的基础上将各环节有效地结合起来，确保各体系都能有效理解并执行全局性数据工作，最终提高企业绩效。

1. 市场营销分析

市场营销分析面向的对象是市场中心或营销中心，核心是为市场营销和广告媒体的媒体策划、媒体执行、媒体效果评估提供支持。

市场营销分析一般主要提供以下内容：

建立媒体档案库，建立效果预测模型，辅助制订营销计划；

辨别虚假流量，并建立虚假流量预警系统；

评估营销渠道效果，并根据活动目标提高目标转化率；

建立和健全营销渠道的主题性分析，包括生命周期、投放组合、价值贡献、预警判断等模式；

跟踪精准对手的媒体投放策略、行业新媒体趋势和发展脉络，为企业投放提供参考。

2. 会员运营分析

会员运营分析面向的对象是会员营销、会员关怀等围绕会员的部门。核心是提高会员全生命周期价值并结合企业战略需要，开展基于数据驱动的精准化会员营销。

会员运营分析一般包含以下内容：

建立会员画像体系，建立完整的客户认知体系；

建立和健全用户生命周期内涵盖的从匿名访客到流失用户的全周期价值研究体系；

建立完整的会员营销响应预测、计划实施、规则提取、自动执行、效果评估的自动化机制；

基于完整会员的分析，结合个性化EDM（"Email Direct Marketing"，即电子邮件营销）、短信、微信、APP PUSH（推送）等方式，进行落地和优化；

企业用户的调查研究与分析，协同其他会员渠道开展线下访谈、调研等，为获取用户真实信息反馈提供保证。

3. 网站运营分析

网站运营分析面向的对象是网站运营或企业前端运营部门，核心是充分利用网站各个资源位和广告位，将流量分发价值最大化，提高目标转化效果。

网站运营分析一般包括以下内容：

以网站资源为效果标杆管理，建立效果预警机制与评估模型；

致力于网站活动运营、资源运营、页面运营等，并找出最优化投放组合及投放预测效果；

对各资源位置效果监控及恶意点击监测，提高目标转化率；

完善网站内潜在的广告和资源位的挖掘机制，为企业变现提供更多的思路和参考；

协同个性化推荐、CMS等相关系统，建立包含展示、引导、转化、复购等在内的智能工作机制。

4. 客服运营分析

客服运营分析面向的对象是企业内部以客户服务为主的部门，包括呼叫中心、客户服务等。核心是完善与客户的沟通渠道、方法和机制，提高客户服务的满意度。

客服运营分析一般包含以下内容：

整合企业内部各渠道数据，形成完整的客户认知，并建立基于时间的客户行为事件视图；

分析客户诉求，智能化匹配最优目标解决方案、流程或方法；

协助客服和IT部门，打通客户接触通道，形成自动化应答和引导机制；

建立和健全客户的满意度分析模型、口碑传播模型和情感认知模型，预判和识别客户场景化诉求；

完善客服工作绩效评估体系，将客户满意度与销售或其他目标转化结合起来，形成满意度价值贡献模型。

5. 商品运营分析

商品运营分析面向的对象是企业内部的采销或商品运营相关部门，主要工作是通过对销售的预测与分析，提高商品周转，最大化商品销售利润。

商品运营分析一般包含以下内容：

研究商品流量入口分析，识别商品渠道属性，并做流量落地页的商品适配；

完善商品销售转化漏斗，发现并优化商品销售短板，并通过程序化的方式建立有效的应对机制；

将库存、物流、销售、推广和运营等结合起来，实现商品流转认知；

建立和完善商品分析模型，涵盖销售预测、恶意订单检测、关联销售、动销分析等；

形成竞品调研和分析体系，为企业内部商品运营提供参考。

6. 用户体验分析

用户体验分析面向的对象是企业内部以用户流程、功能和体验为主的部门，例如，UI（"User Interface"，即使用者界面）、UE（User Equipment）、网站产品部等。核心是提高用户的好感度、体验度和满意度。

用户体验分析一般包含以下内容：

建立和完善用户体验衡量指标体系，并基于指标体系的数据收集和采集方案和机制；

建立用户需求感知模型，综合挖掘用户需求，为网站改版、流程改进提供参考依据；

建立用户的流失、退出行为分析模型，协同IT、网站运营、商品运营等部门改进用户体验；

运用A/B和多变量测试等方法，对元素和功能、页面、流程等做测试，优化和改进用户体验；

建立用户体验分析矩阵，结合多种模式，提取用户体验信息点。

搭建完整的数据化运营体系，就能助力企业用数据创造更大的价值。而在企业营销与运营的过程中，实现精细化营销，企业就能在最恰当的时机，采取最合适的营销手段，产生最大的营销价值。

纵横整合产业的云经济模式

如今,"云"这个概念已经渗透进我们生活的每一个角落。云旅游、云吸猫、云逛展、云团聚……大家心中的"云",可能都跟互联网、带宽、共享等词存在一定的关联。

在云计算中,"云"实质上是一个与互联网相连的网络应用程序。它提供了一种虚拟化的基础设施,包括处理、存储、网络等资源。通过整合资源、共享服务、自动控制和高级网络技术,就能实现远程连接和协同工作,实现计算和存储资源的最优使用。

将计算能力和存储能力通过互联网等通信网络进行建立、管理及投递,用户就可以通过互联网使用丰富的云服务,包括数据存储、计算资源、软件应用、安全服务等,在不需要购买硬件和软件的情况下,快速获得高质量的计算服务。云计算模式就像发电厂集中供电的模式,客户不用购买新的服务器和部署软件,就能得到应用软件或应用。

简而言之,云计算就是一种基于互联网的计算模式,通过网络共享计算资源、软件和信息,随时随地提供计算和存储等服务,无须拥有庞大的交换机、服务器、数据中心等硬件设施,使用成本更低,灵活性、弹性和可扩展性更高。可广泛应用于各个领域，是数字化转型的重要基础设施。

云计算是推动信息技术能力实现按需供给、促进信息技术和数据资源充分利用的全新业态，是信息化发展的重大变革和必然趋势。现代商业生态错综复杂，市场剧变、竞争跨界，新模式与"新物种"不断涌现。即使企业意识到研发、生产、内控、供应链乃至企业文化等环节的发展短板，但如何全面推动企业实现数字化，依然缺少行之有效且模式清晰的应用方案。

互联网时代，企业上云是大势所趋。企业上云，就是企业通过互联网方式，将自己的基础设施、管理及业务部署到云端，按需按量地获取云服务商提供的计算、存储、网络、安全等云服务的行为。这就好比我们将钱存在银行，然后由理财顾问、金融管家和产品导购员等随时随地为我们提供服务。这种方式比自己保管财务、自己投资理财、自己查找信息等方式方便得多、安全得多。

1. 企业上云的意义

企业上云，可以带来以下一些好处，而这也是企业上云的重要意义。

（1）节省成本。企业所做的任何动作都是利益趋向的，如果无利可图，企业就不会趋之若鹜。企业上云就是利用别人的基础设施来做自己的事，可以节省大量的IT成本。首先，企业不用再购置服务器，减少开支；其次，可以有效避免日常业务中出现的因单量暴增或锐减造成的浪费或生产瘫痪等问题，节省企业运维成本。

（2）体验先进技术。为了吸引更多用户，云服务商会在云平台上提供更多更好的扩展服务。比如，百度云提供的百度大脑服务，就是先进的人工智能功能。实力小的软件开发商，其技术能力和财力等资源根本无法实现如此强大的功能；有钱有实力的大厂推出此类尖端技术服务，上云的企业就可以抢先尝鲜，实现技术共享。

（3）平台资源共享。云服务平台与互联网具有连通性，可以保证用户现有应用与云上部分应用实现无缝对接，使用起来相当方便。而且，云平台对用户软件组件、技术平台、开发语言的限制要求很低，方便各技术流派和技术架构的云用户使用云平台，实现平台资源共享。

2. 企业上云的内容

根据企业对云服务的不同需求，企业上云的内容可分为基础设施上云、平台系统上云和业务系统上云等三部分（见表5-1）。

表5-1 企业上云内容及说明

内容	说明
基础设施上云	企业把计算资源、存储、服务器、数据库、操作系统等搬迁入云，由云端集中进行运维与管控。云计算提供给企业的服务是对基础设施（包括处理CPU、内存、存储、网络和其他基本的计算资源）的共享利用，用户能够部署和运行任意软件（包括操作系统和应用程序），有利于降低企业软硬件基础设施的采购建设和运维成本
平台系统上云	企业将物联网平台、区块链平台、大数据平台、报表平台、软件研发平台和建模平台等搬迁入云，利用各种平台提供的资源服务支撑企业进行业务管理、智能感知、统计分析、安全管控等应用，降低平台资源的重复投资，统一为业务应用提供支撑服务，加快数据驱动进程

续表

内容	说明
业务上云	企业将供应商、设计、生产、工艺、配套、营销、保障等业务上云，在云端部署和应用各类业务应用系统，后台实现产品全生命周期的集成和资源共享，推进内部协同与外部互联互通，减少因跨域、文件流转、生产环境等产生的协同问题，各类业务在后台进行更新、部署和维护，用户只要通过授权，就可以订阅按需服务

总的来说，企业上云是现代企业创新发展的一种趋势，也是企业最大化精简成本的好方法。

3. 企业如何上云

在行业业务场景化属性越来越明显的趋势下，企业该如何上云，上什么样的云合适，这些问题都由企业自身所在的行业、规模、信息化现状而决定。通常，云的模式分为公有云、私有云和混合云三种。当然，在选择适合自己的方式前需要明白每种模式的定义和特点，之后再有针对性地进行构建。

（1）公有云，通常指由第三方提供商基于云计算基础设施，为广大用户提供云计算产品和服务的模式，用户一般通过互联网按需、快捷地使用。公有云能够实现最大范围内的资源共享优化。在企业、行业、产业业务中，公有云作为支撑平台可以整合各用户、内外部、上下游的服务，打造一体化的生态价值链，促进资源共享。

（2）私有云，一般是为某个特定客户或机构单独使用而构建的，提供对数据、安全性和服务质量的有效控制。如某大型企业为内部多个分支机构构建的云。使用私有云的企业，需要具备良好的软硬件基础设施、技术储备和IT团队。

（3）混合云，顾名思义，为公有云与私有云相结合的模式，用户可根据自身在计算资源获取、可扩展性、服务效率以及数据安全和控制等方面的综合考量，将应用程序和数据部署在合适的平台上，并实现统一管理。混合云是企业上云的理想模式，相对于前两种模式来说，这种模式可以有效综合两者利弊，对企业内部资源采用私有云模式来保证数据的安全性，对于企业需要资源共享的业务则采用公有云模式。该模式在互联网、能源、制造、教育、金融等行业的应用较为明显。

低成本平替模式的战略构成

2019年，为了实现各品牌会员互通，报喜鸟集团成立新零售事业部，将货与场搬运至线上诸多品牌商城，并自建会员运营团队，开始摸索社群玩法。

2020年，受疫情影响，线上业务的重要性空前凸显。为了满足多品牌的个性化需求，报喜鸟集团开始自建小程序商城，成为线下门店的虚拟二楼，让导购全员参与推广，搭建24小时的"云"商城。

2021年，线下业务回暖，报喜鸟集团深入思考了线上与线下之间的关系，进一步明确品牌智慧零售的定位——通过线上工具高效赋能线下生意，实现线上线下联动发展，形成了一套经过实践验证的品牌私域建设逻辑：做私域应整合线上线下全渠道资源优势，对"人货场"进行重构，建立"以'人'为核心、门店为载体，充分发挥线上赋能工具价值"的全渠道数字化运营体系。

那么，具体如何落地呢？2022年中秋节，在爱奇艺、参考消息、动静贵州、今日头条、微信朋友圈、航班管家、同花顺等平台，皆能看到全新升级后的汉酱3.0宣传画面。其实，在这之前，汉酱已利用全国600余块户外广告进行了大范围宣传。中秋、国庆双节素来是酒水消费、销售的"黄金时期"，汉酱选择在此时进行如此大手笔的投放，其目的不言而喻。

在此次全国投放广告的过程中，汉酱采取了线上线下相结合的模式，全面进击旺季市场。在线下，汉酱瞄准多地地标建筑户外LED大屏渠道，并包含多个枢纽城市的机场、高铁站。节庆期间人流量巨大，汉酱3.0广告能够触达更多受众，挖掘更多潜在消费人群。其"高端""高品质"的形象价值进一步凸显，增强了消费者对于品牌及产品的接受度和认可度。

汉酱在线上的投放平台同样具有代表性。爱奇艺作为头部视频平台，用户基数庞大，影响力巨大。微信朋友圈、今日头条则同样是基础用户群体庞大，平台还可根据用户习惯进行广告推送，保证了汉酱3.0能够更高效地触达核心消费群体。

航班管家、同花顺等平台的投放与线下的机场、高铁站投放同理，用户普遍为高质量人群，与汉酱酒的目标人群高度契合。综上，线上的投放既形成了充分的影响力，也足够有针对性。

在这波强集中性、高针对性的宣传攻势下，汉酱3.0足以抢占中秋市场的先机，是其聚焦终端市场、积极发力动销的有力举措。

再以美甲行业为例。

如今，美甲已成为张扬个性和彰显优雅气质、健康美丽的时尚。对于潮流达人来说，如何用各式各样不同色系、不同质感的美甲点缀心情已成为每日必修课，线下美甲店也因此十分火爆。当然，关键的还是美甲行业在年轻人的圈子里一直很受欢迎。但近年来，传统美甲对于指甲的伤害问题受到重视，更安全、低伤害的时尚美甲产品成为新时代的市场宠儿。

"茉初"品牌就是该领域的先行者，他们创造性地提出"指尖美学"与"美而不伤"的手部潮流美学新概念，该品牌旗舰店入驻京东电商平台不足一年，月销售额已突破200万元，深受消费者的欢迎与喜爱。

茉初在线下铺设的销售网点超出5万家，其中就不乏屈臣氏这样的知名连锁品牌。为了平衡线上线下销量，产品线下的销售价格跟京东电商平台都是统一价，通过线下实体店铺的亲身体验满意后，从便利性的角度来考虑，复购时很大一部分消费者就会直接到京东旗舰店来购买，这样就很好地起到了承接作用。

茉初的线上销量并没有因为线下渠道的扩张而形成竞争关系，反而相辅相成，双管齐下，销量齐头并进。

近年来，中国线上购物迎来了爆发式增长，超过半数的交易行为都会在线上完成。电商及线上营销已经从陌生变得极为普遍。与此同时，越来越多的品牌也意识到，单纯线上或线下的营销的成本日渐增加，呈现出高度碎片化的购物途径和海量的信息来源。消费者需要花更多时间进行选择，而品牌方则面临着不做营销没有客流、做了营销却是亏本赚吆喝的两难局面。

线上线下全渠道整合是推动新兴消费及企业转型新零售的驱动力。线上具有公域流量大、不受时空与地域的限制、电商运营工具多样、用户行为路径清晰、用户数据相对容易收集、营销活动执行快速便捷、灵活性强等优势。线下具有区位便利性优势、用户目的性强、能够发挥"人性化"的服务优势。互动性强，消费者到店能够获得很强的体验感，转化率和留存率相对线上更高。

同时，不同的渠道也有各自的弱项。随着电商购物的便捷和外卖的兴起，线下流量总体呈现下滑趋势。而线上，则是各大电商平台及各种APP疯狂争夺消费者注意力和停留时间。消费者打开淘宝APP，都还没搜索，曾经浏览过的或搜索过的哪一类商品系统就会直接推送到跟前。

因此，企业需要线上线下优势互补、共享资源和数据、利用LBS（"Location-Based Service"，基于位置服务的）打通不同的消费场景，配合一体化联动的营销事件策划等举措，提高市场渗透度，加强用户黏性，达到精细化、系统化运作。

云智能模式是未来企业的进化方向

云智能模式，结合人工智能和自然语言处理等技术，改变了数字营销的方式和用户体验，成为数字营销的新动态。随着云智能技术的进一步发展和普及，云智能将会有更大的变革，例如，界面将更加智能化，可以通过语音识别、自然语言处理和增强现实等技术，用户可以更加轻松地与应用和服务进行交互。

GUI（图形用户界面）使计算机普及化，移动设备的触摸屏和手势操作使移动设备普及化，这些新的交互技术的出现，使得企业管理软件更加聚焦用户体验，设计更加简单易用、功能更加强大的用户界面，提供更加个性化、智能化的体验。

疫情期间，无论是小区居民楼，还是酒店、写字楼，因为防控的要求而在电梯间增设抽纸，成为很多物业的选择。但这种"隔绝"方式不仅烦琐，也不能完全杜绝接触的风险。在崂山区，有一家企业通过数字孪生技术实现了"隔空"按电梯。用户只需对着摄像头打出相应的数字手势，或"隔空"点击电脑中的电梯按键，就可以准确地"告诉"电梯去几层楼。

青岛威尔灵境科技有限公司（以下简称"威尔灵境"）是专注于数字孪生、虚拟现实技术及大数据和人工智能产业应用的公司。研发团队涵盖计算机视觉技术、仿真传感器、空间定位器、智能穿戴、人工智能、大数据等。目前该企业已研发出海洋工程数智孪生系统、工业实训仿真系统、飞行模拟系统、智慧交通汽车驾驶模拟系统、科研仿真系统、语音大数据识别系统等产品。

无接触人机交互方案，是"威尔灵境"通过自身优势，根据疫情零接触这一特性，推出的一套预防疫情传播的无接触人工智能解决方案。通过特定的设备捕捉，隔空就能选中要去的楼层；通过用手指比数字的方式发出指令，同样也能被识别。操作界面也有相关提示，使用电梯时根据指引操作，便捷简单。

这套方案是"威尔灵境"根据最新前沿科技三维手势识别技术研发的。它捕捉人体手部动态特征，达到追踪手势运动的目的，进而识别将手势和手部运动结合在一起的复杂动作。通过计算机识别之后，向设备输出指令。

这项技术还可以用在多种场景中，比如，医院的挂号机、银行的自助取款机等，将触屏方式操作变为隔空操作，大大减少了接触的可能性。

企业管理软件可能会使用虚拟现实和增强现实技术，提供更加生动和直观的体验。例如，在生产线上使用虚拟现实技术进行培训，或在现实环境中使用增强现实技术进行实时监测和反馈。

采用云智能等技术，实现更加智能化和自动化的功能，例如，自动化决策、自动化协作、智能预测等。这些技术突破将促进企业管理软件的普及和使用，提高企业管理效率和生产力，帮助企业更好地应对来自市场和竞争对手的挑战。

1. 云智能模式对数字营销员的影响

云智能模式对数字营销员的影响主要体现在以下几方面。

（1）聊天机器人。聊天机器人或虚拟助手可以与用户进行实时对话，回答他们的问题、提供建议和解决问题。这种交互方式，不仅可以改善用户体验，还能为他们提供个性化的服务和即时的响应。

（2）个性化推荐。借助机器学习和推荐算法，数字营销员可以利用用户的行为和偏好数据，向他们提供个性化的推荐内容，继而提高用户参与度、购买意愿和留存率。

（3）营销自动化。通过自动化工具和机器学习算法，数字营销员可以自动化营销流程和任务，如电子邮件营销、社交媒体发布和广告投放，提高效率，节省时间和资源。

（4）数据分析和洞察。云智能技术可以帮助数字营销员更好地分析和解释大量的数据，提取有价值的洞察，之后以此为基础，优化营销策略、改进用户体验和预测市场趋势。

（5）智能广告投放。利用云智能技术，数字营销员可以更准确地定位和投放广告，将广告呈现给感兴趣的用户群体，提高了广告的效果和回报率。

（6）虚拟现实和增强现实。虚拟现实（VR）和增强现实（AR）技术为数字营销员提供了创新的交互方式，可以利用这些技术来创造沉浸式的品牌体验、虚拟试穿产品或展示产品的 AR 模型。

（7）情感识别和个性化情感营销。云智能技术可以帮助数字营销员识别和理解用户的情感状态。基于情感分析，就能进行个性化的情感营销，更好地满足用户的需求和情感诉求。

2. 云智能模式的应用场景

云智能技术的进步使其应用场景得到延伸，可以进入娱乐、消费、医疗、助残等数字生活和公共服务领域。

在个人数字生活方面呈现更智能、更沉浸的应用特点，在公共服务方面呈现更高效、更便捷的应用特点，其主要被应用于以下场景（见表5-2）。

表5-2　云智能模式的应用场景及说明

应用场景		说明
更便捷、更沉浸的个人数字生活	智能流畅的购物消费	随着信息感知的方式越来越多样，更多人体信息可以在无感知的状态下被识别和理解，为人们带来了便捷流畅的消费体验。未来2~5年，人脸识别技术会帮助虚拟购物平台在消费者无感知状态下通过表情判断其对商品的态度，使购物体验更加流畅。未来10年后，随着脑机接口技术的应用和发展，消费者对商品的偏好能在无感知的状态下被精准地识别出来，商家可以更有针对性地进行消费推荐
	高沉浸的人机娱乐	由于操控和呈现方式的多样化，未来人机娱乐将呈现前所未有的高沉浸体验。从游戏操控方式来看，除传统的键鼠、手柄等外，用户可以直接通过语音、眼动、手势、肢体动作等方式对游戏进行操控，实现更沉浸的娱乐体验

续表

应用场景		说明
高效率、更便捷的公共服务场景	高效的医疗诊断和康复	由于信息感知的多元化和交互对象的智能化，未来的医疗诊断和康复将更加便捷高效。在诊断方面，步态识别技术有望实现抑郁症的自动化识别。在治疗方面，情绪识别和虚拟人技术有望被联合使用并创建虚拟心理治疗师，患者在家中就可以进行面对面的心理咨询。脑机接口技术有望帮助渐冻症患者恢复部分行为能力，完成上网、发信息、进食等操作
	便捷的残障和老年生活	由于信息感知方式和信息输出通道越来越多样，未来的残障辅助产品将强化或健全器官/感官的交互能力，养老监护等产品将能更加准确地判断老人的健康状态。比如，对于视障人士而言，云智能模式的大范围应用可以使其通过听觉接收更多的交互信息并完成操控；触觉反馈能够使其借助盲文显示器进行阅读
	高效的公共安全管理	由于信息感知的内容越来越深入，未来对目标人物及人物心理状态识别将更加高效。情绪感知技术有望广泛应用于审讯和边检等，帮助执法者更加准确地判断对方是否撒谎以及是否处于紧张状态。步态识别技术将在公共安全领域广泛应用，它具备识别距离远、识别角度广、对光照要求低、嫌疑人难以伪装等优点，能够更好地在人流大的情况下识别嫌疑人，协助公安机关提高办案效率

赋能企业，云智能模式让万物智能得以发生

云计算，并不简单地是一种技术，而是一种商业运营模式，它降低了创业门槛，为企业运营提供了便利。近年来，云智能已经成为

全球数字技术创新活跃的前沿领域，成为数字经济的新赛道和竞争新热点。

大模型（2017年Transformer结构的提出，使得深度学习模型参数突破了1亿。就是从一开始的lenet、Alexnet、ResNet开始，模型参数一个比一个大。到了BERT网络模型的提出，使得参数量首次超过3亿规模，GPT-3模型超过百亿。鹏程盘古实现千亿稠密的规模、Switch Transformer的问世还一举突破万亿规模）[1]是当下全球科技创新的焦点，也是云智能竞赛的主战场。随着行业化、专有化大模型的出现，大模型落地企业级场景的案例愈加丰富，进一步加速了城市通、行业通和企业通的转变。

云智能作为数字经济时代的重要基础设施、关键技术、先导产业以及赋能引擎，将长期为各行业的转型升级和数字经济的发展提供核心驱动力。

如今，云智能已经在许多领域为实体企业带来了许多好处，包括提高生产效率、改善客户体验、降低成本、提高效率、改进产品质量等。

1. 提高效率

利用云智能模式，企业就能完成自动化和优化许多流程和任务，例如，自动化采购、库存管理、生产计划和物流跟踪等，从而提高效率和减少错误。

---

[1] 引自《什么是大模型？超大模型和Foundation Model呢？》，知乎，2021年11月13日。

（1）自动化流程。利用云智能模式，企业就能自动化一些重复性、烦琐的任务，例如，生产流程、采购、物流等。通过智能算法，识别流程中的最优路径并自动优化，从而节省时间、提高效率。

（2）数据分析。利用云智能模式，企业就能更好地了解客户、市场和竞争对手，制定更有针对性的营销策略。通过分析客户数据、市场数据和竞争对手数据，可以识别客户的需求和偏好，更好地满足客户需求，提高客户满意度。

（3）智能客服。利用云智能模式，企业就能通过自然语言处理技术，搭建智能客服，自动识别客户的问题，为他们提供最准确的答案，并快速响应客户的请求，节省客服人力成本，提高客户满意度。

（4）智能采购。利用云智能模式，企业就能自动化采购流程，更快速地找到合适的供应商，并降低采购成本。通过分析市场数据、供应商数据和采购流程，可以自动推荐合适的供应商，并自动处理采购流程，节省时间和提高效率。

（5）智能营销。利用云智能模式，企业就能自动化营销流程，更快速地找到潜在客户，并提高销售效率。通过分析市场数据、客户数据和销售数据，可以自动推荐潜在客户，并自动处理营销流程，节省时间和提高效率。

2.改善客户体验

利用云智能模式，企业就能通过分析客户数据，提供个性化的服务和建议，更好地满足客户需求，提高客户满意度和忠诚度（见表5-3）。

表5-3　改善客户体验方法及说明

方法	说明
个性化服务	利用云智能模式，企业就能更好地了解客户的需求和偏好，为用户提供个性化的服务。通过分析客户数据、市场数据和客户反馈，可以识别客户的需求和偏好，并帮助企业提供定制化的服务，提高客户的满意度
智能推荐	利用云智能模式，企业就能通过分析客户历史行为和偏好，智能推荐客户感兴趣的产品和服务。通过智能推荐，企业可以更快速地找到潜在客户，提高销售效率，并增强客户的忠诚度
实时响应	利用云智能模式，企业就能更快响应客户需求，提供快速的解决方案。通过实时响应，企业可以更快地解决客户的问题，提高客户的满意度，并增强客户的忠诚度
智能客户关系管理	利用云智能模式，企业就能更好地管理客户关系，提高客户的忠诚度。通过分析客户数据、市场数据和客户反馈，可以识别客户的需求和偏好，为客户提供更好的服务，提高客户满意度

3.降低成本

利用云智能模式，企业就能帮助企业预测和减少成本。例如，通过自动化和优化生产过程，减少原材料和能源消耗，降低生产成本。

（1）自动化流程和任务。利用云智能模式自动化重复性、烦琐或高风险的任务，可以减少人工干预，降低成本并提高效率，例如，使用自动化流程来管理库存、采购和物流等方面。

（2）预测和优化决策。利用云智能模式，企业就能分析历史数据和趋势，从而做出更明智的决策。例如，使用机器学习算法预测客户行为，从而优化营销策略，降低营销成本。

（3）优化供应链管理。利用云智能模式，可以实现更高效的供应链管理，包括实时监测库存、预测需求、优化物流和运输等方面。例如，使用物流跟踪应用程序，可以实现货物的实时跟踪，提高供应链的透明度和效率。

（4）个性化服务。利用云智能模式，企业就能更好地满足客户需求，提供个性化的服务。例如，使用自然语言处理技术，可以为客户提供定制化的产品推荐和咨询服务，提高客户的满意度和忠诚度。

（5）数据分析和智能决策。利用云智能模式对销售、生产、库存等数据进行分析，可以实现更智能的决策。例如，使用数据分析工具，可以预测市场需求和趋势，从而优化生产计划和库存管理。

4. 改进产品质量

利用云智能模式，企业能分析产品质量数据，提供改进建议，提高产品的质量和可靠性。

（1）缺陷的检测和预防。利用云智能模式，可以对产品进行缺陷检测和预防，从而减少缺陷的数量和降低缺陷率。例如，使用基于机器学习的缺陷检测算法来识别潜在的缺陷，从而避免制造缺陷产品。

（2）智能测试和评估。利用云智能模式，可以实现更智能的测试和评估，从而提高产品的质量和可靠性。例如，使用自动化测试工具，可以模拟用户的使用场景，进行更真实的测试，提高测试的准确性和覆盖率。

（3）数据分析和智能优化。利用云智能模式，可以对销售数据、用户反馈和生产过程等数据进行分析，从而优化产品质量。例如，使用数据分析工具，可以预测用户的需求和偏好，从而优化产品设计和制造过程，提高产品的质量。

（4）自适应生产。利用云智能模式，可以实现自适应生产，从而快速调整生产计划和优化产品质量。例如，使用自动化生产系统，就能根据设备的运行情况和生产线上的缺陷情况，自动调整生产计划和优化生产效率，提高产品的质量。

（5）智能客服和反馈系统。利用云智能模式，可以实现更智能的客服和反馈系统，从而提高客户的满意度和产品质量。例如，使用自然语言处理技术，可以为客户提供定制化的产品推荐和咨询服务，从而增强客户对产品的满意度和忠诚度。

云智能可以为实体企业提供许多机会和解决方案，帮助企业提高效率、降低成本、改善客户体验、提高生产效率和产品质量。企业需要根据自身的业务需求和情况，选择合适的云智能模式和解决方案，并不断优化和改进其应用。

5.促进创新

利用云智能模式，企业就能加速创新，例如，通过自动化和优化设计流程，提高产品的设计和创新能力。

（1）数据分析和洞察。利用云智能模式可以对销售数据、用户反馈、市场趋势和生产过程等数据进行分析，从而洞察市场趋势和客户需求，为企业的创新提供灵感和方向。

（2）自然语言处理和智能沟通。利用云智能模式可以实现自然语言处理和智能沟通，帮助企业更好地与客户、合作伙伴和员工进行沟通和交流，促进创新和合作。

（3）自适应学习和进化。利用云智能模式可以实现自适应学习和进化，从而不断地适应市场变化和客户需求，不断地提高创新能力。

（4）智能化研发和制造。利用云智能模式可以实现智能化研发和制造，快速响应市场需求和客户需求，提高产品质量和生产效率，降低生产成本。

（5）创新激励和奖励机制。利用云智能模式可以实现创新激励和奖励机制，鼓励员工创新和探索新的商业模式和业务领域，提高创新效率。

（6）合作伙伴关系和生态系统。利用云智能模式可以实现合作伙伴关系和生态系统，与其他企业、研究机构和社会组织建立更广泛的合作和合作关系，共同推进创新和发展。

6. 实现数字化转型

利用云智能模式，企业就能实现数字化转型，加速业务流程和数字化转型。例如，通过自动化和优化采购、库存管理和生产计划等，提高生产效率和减少错误，具体实现方法如表5-4所示。

表5-4　实现数字化转型方法及说明

方法	说明
智能化流程和业务应用	利用云智能模式，可以实现智能化流程和业务应用，包括自动化流程、智能化数据分析、智能化决策和智能化客户服务等，从而提高业务效率和精准度

续表

方法	说明
数据驱动的决策和优化	利用云智能模式，可以实现数据驱动的决策和优化，包括数据分析、预测和优化、智能化销售和营销等，根据数据结果做出更明智的决策和优化
智能化生产和管理	利用云智能模式，可以实现智能化生产和管理，包括自动化生产、智能化物流和供应链、智能化安全和环保管理等，提高生产效率和质量
智能化数字化营销	利用云智能模式，可以实现智能化数字化营销，包括智能化搜索引擎优化、智能化社交媒体营销、智能化电子邮件营销等，增加品牌的知名度和销售额
智能化人才培训和支持	利用云智能模式，可以实现智能化人才培训和支持，包括智能化员工招聘、智能化员工培训、智能化职业发展等，提高员工工作效率和满意度
智能化合作伙伴关系和生态系统	利用云智能模式，可以实现智能化合作伙伴关系和生态系统，包括智能化客户合作伙伴关系、智能化生态系统和合作伙伴等，扩大市场份额和提高竞争力

7. 提高安全性

利用云智能模式，企业就能提高安全性，例如，通过自动化和预测安全事件，提高安全性和稳定性。

（1）威胁分析和预防。利用云智能模式，可以对网络和系统威胁进行分析和预防，包括威胁情报收集、威胁分析和威胁预测等，提高系统的安全性和可靠性。

（2）数据安全和隐私保护。利用云智能模式，可以对敏感数据进行分析和监测，提高数据安全和隐私保护能力。例如，利用机器学习算法对异常数据进行分析和识别，避免敏感数据泄露。

（3）网络安全和入侵检测。利用云智能模式，可以对网络和系统进行入侵检测和防御，提高网络安全和可靠性。例如，利用自然语言处理技术对攻击者的意图进行分析，提前发现和防御攻击。

（4）智能安全审计。利用云智能模式，可以对网络和系统进行智能安全审计，及时发现和修复安全问题。例如，利用深度学习算法对系统漏洞进行分析和识别，快速修复漏洞并提高系统的安全性。

（5）安全培训和意识教育。利用云智能模式，可以对企业员工和安全专家进行安全培训和意识教育，提高员工的安全意识和应对能力，减少和避免安全事故的发生。

8. 实现智能化管理

利用云智能模式，企业就能实现智能化管理，例如，通过自动化和预测业务流程，提高企业智能化管理和决策能力。

（1）智能化战略规划。利用云智能模式，企业就能对市场、竞争、客户需求和企业战略等进行智能化分析和预测，从而制订更科学的战略规划。

（2）智能化人力资源管理。利用云智能模式，企业可以实现智能化人力资源管理，包括智能招聘、智能培训、智能绩效评估和智能晋升等，从而提高员工的工作效率和满意度。

（3）智能化财务管理。利用云智能模式，企业可以实现智能化财务管理，包括智能化预算编制、智能化成本控制、智能化财务分析和智能化投资决策等，从而提高企业的财务状况和竞争力。

（4）智能化生产管理。利用云智能模式，企业可以实现智能化生产管理，包括智能化生产计划、智能化生产调度、智能化质量控制和智能化物料管理等，从而提高企业的生产效率和质量。

（5）智能化物流管理。利用云智能模式，企业可以实现智能化物流管理，包括智能化物流规划、智能化物流跟踪和智能化物流优化等，从而提高企业的物流效率和竞争力。

（6）智能化供应链管理。利用云智能模式，企业可以实现智能化供应链管理，包括智能化库存管理、智能化供应商选择和智能化物流管理等，从而提高企业的供应链管理效率和竞争力。

简而言之，云智能可以为实体企业提供很多机会和解决方案，帮助企业提高效率、降低成本、改善客户体验、提高生产效率和产品质量。

9.推动可持续发展

云智能可以帮助企业推动可持续发展，例如，通过自动化和优化能源管理、环境管理和社会责任等，实现经济、社会和环境的可持续发展，具体方法如表5-5所示。

表5-5　云智能推动可持续发展方法及说明

方法	说明
绿色供应链管理	利用云智能模式，企业可以实现智能化绿色供应链管理，包括智能化物料配送、智能化环境影响评估、智能化资源利用率优化和智能化废弃物处理等，提高企业的环保性能和市场竞争力
智能化能源管理	利用云智能模式，企业可以实现智能化能源管理，包括智能化能源预算编制、智能化能源需求预测、智能化能源数据分析和智能化能源优化等，提高企业的能源利用效率和降低能源成本

续表

方法	说明
智能化废物管理	利用云智能模式，企业可以实现智能化废物管理，包括智能化废物收集、智能化废物分类、智能化废物处理和智能化废物监测等，提高企业的废物处理效率和减少废物对环境的污染
智能化环境教育	利用云智能模式，企业可以实现智能化环境教育，包括智能化环保知识宣传、智能化环境风险管理和智能化环保知识普及等，提高企业的环保意识和可持续发展意识
智能化社会责任	利用云智能模式，企业可以实现智能化社会责任，包括智能化环保责任、智能化员工福利责任、智能化劳工权益保护和责任、智能化资源浪费减少等，提高企业的社会责任感和可持续发展能力

10. 开发新市场

云智能可以帮助企业开拓新市场，例如，通过智能化营销和客户服务，提高客户的满意度和忠诚度，开拓新市场。

（1）数据分析。云智能可以帮助企业收集、分析和利用大量数据，了解市场趋势、客户需求和竞争情况，以便更好地定位目标市场、制定营销策略和优化业务决策。

（2）自动化决策。云智能可以自动化许多决策过程，例如，客户关系管理、供应链管理和市场营销，减少人为错误和决策偏差，提高企业决策的准确性和效率。

（3）智能推荐。云智能可以根据客户的历史行为和偏好，提供个性化的推荐服务，例如，音乐、电影、书籍等，帮企业吸引更多的潜在客户和提高客户满意度。

（4）自然语言处理。云智能可以帮助企业自动化文本处理和信息检索，例如，客户咨询、订单处理和邮件回复等，提高企业的效率和客户满意度。

（5）智能医疗。云智能可以帮助医疗机构进行疾病预测、诊断和治疗，提高医疗服务的质量和效率，从而吸引更多的患者和扩大市场份额。因此，人工智能可以为实体企业开发新市场提供强大的支持，帮助企业更好地适应市场变化、提高客户满意度和竞争力。

第六章　个人主权经济和区块链模式

区块链组织对于公司模式的再改造

区块链技术是一种去中心化、安全可信的分布式账本技术，可以用于数字货币、数字证券、供应链管理、公共服务等多个领域。其特征主要表现为：去中心化、分布式共识、密码学算法、智能合约和共享账本。这里，我们重点说的是分布式共识。

为了保证数据的完整性和不可篡改性，区块链采用了分布式共识机制。在这种机制下，每个节点都可以参与到信息验证和记录的过程中，因此信息变更时需要得到多数节点的认可，确保数据的一致性和可靠性。

什么是分布式办公？顾名思义，相较于传统的集中式办公模式，分布式办公可以让企业团队分成几个部分或组织在不同的地方工作，通过远程协作和配合完成团队合作，不再是聚集所有工作者到同一空间办公。

由此可见，去中心化是分布式办公的核心。它适用于全球各个场景，覆盖全球每个角落，只要保证人能够进行工作即可。这也意味着在未来，企业总部将会渐渐消失。

打破"中心化"桎梏的办公模式，一是为了应对突发事件，分散办公人员，同时保障企业正常运转；二是符合当代职场人的需求，不再囿于长时间的通勤和枯燥的办公环境；三是检验科技发展的应用。

拥有五万员工的互联网巨头字节跳动采用的办公模式便是分布式办公。众所周知，这是一家"没有总部大楼"的公司。其发展速度之快，使得办公楼无法跟上员工的增长。因此，字节跳动采用分布式远程办公，人才在哪里，办公室就设在哪里。在疫情期间，字节跳动员工做到长期居家办公而不降低工作效率，这与他们长期以来的分布式办公实践紧密相关。

随着远程和混合工作模式的增加，传统的以办公室为中心的企业结构正在转向去中心化的分布式企业。Gartner 在预测 2022 年重要战略技术趋势时表示，预计到 2023 年，分布式企业中有 75% 将实现比竞争对手快 25% 的收入增长。

实例和数据都证明了分布式组织具有巨大的竞争优势。分布式组织，是企业基于全球化的劳动力分布而构建的一种新型组织形态。分布式组织的员工不需要身处同一地点，在地理上处于分布状态。这种分布的程度超越了面对面沟通的范畴，因此必须借助远程通信或协作工具来完成彼此之间的交流与合作。团队成员之间的距离可以是数十米，也可以是数百千米，甚至能够隔着半个地球。

以太坊创始人 Buterin 说："区块链是一种可以让任何人参与的去中心化的网络技术，它可以让人们摆脱中心机构的控制。"分布式组织的优势主要体现在以下几方面。

1. 招揽更广泛的人才

分布式办公机制的特殊优势在于可以获取全球各地的优质人才资源，招揽和使用全世界的人才。同时，分布式办公环境更具包容性和灵活性，使企业在吸引人才方面更具有优势。

2. 应对更广泛的市场需求

分布式组织的员工覆盖全球各个角落，为企业深入了解各地市场需求、当地客户取向提供了便捷的先天条件。同时，分布式办公还能帮助企业应对不同地域、文化、种族的用户需求。

超级个体模式 + 公司模式

在互联网下半场，在各种技术快速爆发迭代的今天，创业赚钱已无须依赖庞大的团队，雄厚的资金，复杂的商业模式。"一个人 + 众包 /AI 工具"的简单模式，已经足够让一个人风生水起，赚得盆满钵满。

在流量为王的时代，流量入口已从原来的平台为中心，悄然变成了以个人为中心。也就是说，你只要有能力承接流量，并能创造、输出价值，就能实现和外部的利益交换，不需要再像"螺丝钉"一样被动地依附于某家企业和公司。

社会经济形态越来越去中心化，其基本单元将不再是企业，而是个体，这是肉眼可见的发展趋势。伴随着移动互联网、人工智能的崛起，每个个体都有可能成为一个"网络接口"，开启自己的"超级个体"时代。而且，这将不再是个案，而会以"时代趋势"的形式出现。

2023年，越来越多的人开始强调：当下是一个超级个体崛起的时代，每个打工人最后的归宿都是个体创业。"超级个体"的概念最恰如其分地描述了那些基于创意、才华和经验打造个人IP的人。以前的市场，增长神话是属于创业公司、独角兽，现在即使是一个人、几个人的微团队，也能创造巨大的商业价值，这就是"超级"的力量。

超级个体的优点如下（见表6-1）：

表6-1 超级个体的优点及说明

优点	说明
超大流量	超级个体具有巨大的流量制造能力，每天各大平台的自然流量能达到几十万甚至几百万，很多客户都会通过设计好的转入路径导入公司的成交系统，产生大量的营业额。比如，教短视频的李一舟，教英语的雪梨，每天都是日进斗金
超高人效	超级个体的组织有着极高的人效，一个人的能效（产值）往往可以达到几百万甚至更高。比如，豪车毒是一个由纪文华创办的豪华车线上代购团队，专注于中高端汽车私人定制服务，帮助用户在全国各地代购豪车，同时为客户提供极致的管家式服务。其核心团队只有9个人，年营业额却高达25亿元，平均一个人营业额超过2亿元，人效非常高，利润相当可观

续表

优点	说明
超强抗风险	超级个体人员少，管理成本低，人力风险小。很多超级个体的执行团队只有3~5个人，多的有20~30人，远低于几百人的大公司。比如，李一舟、董十一的团队，只有几个人。甚至一个人，就能搞定短视频和直播，以及课程录制，用工成本很低。即使出现了人员变动，也能快速找到替代人员，因为超级个体IP本身就具有竞争力，商业上抗风险能力很强

想要成为"超级个体"需要具备以下四大基础特征。

1. 较特别的经历和成果

要想成为超级个体，就要具有特别的经历和成果。比如，你曾经做过高管、操盘过著名活动、曾经财富自由等。在这些经历里，如果你还有些传奇或故事，那么你就获得了一个更大的加分项。

2. 比较强的学习能力

超级个体，一般都有着较强的学习能力。如果实在没有特别优秀的经历，就要有从无到有的学习能力。

这个时代，技术、产品和媒介的更新速度太快，既是麻烦也是机会，拥有超强的学习能力，就能快速沉淀知识和技能，快速调整动作和方向，这个时代也就是最适合你的。

另外，所有的IP，特别是知识IP必须掌握"做内容"的看家本领，尤其在互联网用户数到顶、流量天花板出现的时刻，内容更是最终的王道。而即使能力再强，只要不持续学习或保持输入，内容早晚都会枯竭。

3. 较差异化的竞争优势

超级个体,通常都有着差异化的竞争优势。而要实现这一点,主要有两个路径:一是拥有匠人精神;二是有个性化的标签。具备匠人精神,就能沉下心来打磨产品;拥有个性化标签,才能个性张扬、有独特的感受,观点和想法也极具个人色彩。以此为基础,根据你的个人风格,树立撑得起的人设,在给定的人设上做内容,不仅自己会轻松很多,也更容易吸引到喜欢你的用户。

4. 有分享精神,舍得分钱

要想做超级个体,就要对团队和合作伙伴有强烈的分享精神。在挣到钱后,只想全部放到自己的口袋里,舍不得分给他人,定然走不远。

企业建立的根本是模式创新

人类社会正步入知识经济时代,知识密集型产业迅速崛起,知识成为生产力中最活跃的因素。社会形态也呈现了新的特性,比如,经济全球化、经营虚拟化、传播互动性、发展高倍速。在知识经济时代,美好优秀的企业对企业管理应该有全面的认识与理解,并产生新的思维,这在实践中表现在多方面。

例如,区别于传统的"速度就是一切",企业产生一种新的思维方式——"不妨慢一些，谨慎点"。有些效益好的企业常常并不急于做出决策，而是比其他企业要慢上 2~3 个月，决定采用新技术的时间也要慢一些；企业为集中生产力，开始主动缩小规模，同时将很多职能外包。很多优秀企业的整个运转流程，除了销售环节与用户直接联系以外，从设计、采购、配置到收款都可以外包出去。

企业创新的根本在于模式的创新，而这种创新来自企业管理的诸多方面。

1. 组织结构的创新

在企业组织结构的演变过程中，先后出现了直线制、矩阵制、事业部制等组织结构形式。现代企业十分推崇流程再造、组织重构，以客户的需求和满意度为目标，对企业现有的业务流程进行根本性的再思考和彻底重建。利用先进的制造技术、信息技术以及现代化的管理手段，最大限度地实现技术上的功能集成和管理上的职能集成，打破传统的职能型组织结构，建立全新的过程型组织结构，实现企业经营成本、质量、服务和效率的巨大改善，更好地适应现代企业经营环境。如今企业组织结构的发展呈现新的趋势，其特点是：重心两极化、外形扁平化、运作柔性化，以及结构动态化。

2. 决策的创新

管理决策是组织在内部范围内贯彻执行战略决策过程中的具体决策，它旨在实现组织内部各环节活动的高度协调和资源的合理使用。例如，企业的生产计划、销售计划、更新设备选择、新产品定价、资金筹措等问题的决策即属此类。管理决策虽然不会直接决定组织的命运，但其正确与否将在很大程度上影响管理效能的高低，进而影响组织目标的实现程度。因此，管理决策创新对于企业的生存和发展非常重要，其重要性甚至越来越接近企业的战略创新。

3. 财务管理的创新

知识经济时代的到来，扩展了资本的范围，改变了资本结构。在新的资本结构中，物质资本与知识资本的地位将发生重大变化，即物质资本的地位将相对下降，而知识资本的地位将相对上升，无形资产将成为企业最主要、最重要的投资对象。在新的资产结构中，以知识为基础的专利权、商标权、商誉、计算机软件、人才素质、产品创新等无形资产所占比重将会大大提高。要想实现财务管理的创新，企业首先要树立风险理财观念。对财务进行科学预测，使可能遭受的风险损失尽可能降低到最低限度。其次，树立信息理财观念。全面、准确、迅速、有效地收集、分析和利用信息，以便于进行财务决策和资金运筹。最后，树立知识化理财观念。财务管理是一种知识化管理，其知识含量将成为决定财务管理是否创新的关键性因素。

4. 竞争机制的创新

竞争机制可以反映竞争与供求关系、价格变动、资金和劳动力流动等市场活动之间的有机联系，同价格机制和信贷利率机制等紧密结合在一起，共同发生作用。竞争方式包括买者和卖者双方之间的竞争，也包括买者之间和卖者之间的竞争。

5. 分配机制的创新

分配机制是对收益的所有权和占有权进行划分，以保证其合理归属与运用。广义的企业分配机制是确定构成企业各生产要素价格的方法，所以企业分配机制体现着各种按生产要素分配方式的结合：所有者按其拥有的股权来享受分红；经营者按期经营才能获取报酬；劳动者按劳动数量和质量来领取薪水。如今，这些分配机制都有了新的发展：分配方式的多元化、收入的差异化、收入的动态化、收入的市场化。

6. 人事的创新

人事创新包括内在制度创新与外在制度创新两方面内容。

（1）内在制度。内在制度是组织内自发形成的，主要依靠组织成员自觉遵守，对违反规则的行为只能进行非正式的处罚。内在制度创新的核心是价值观念的更新。

（2）外在制度。外在制度是由组织制定，自上而下强制推行。要想创新外在制度，首先，要建立符合市场规律、富有激励性的人力资本投资与回报制度；其次，要建立科学有效、奖优汰劣的激励制度，建立公正透明、竞争择优的人才评价制度，建立平等规范、以契约和信用为基础的人事聘用制度，并要建立法治完备、执法严明的人才权益保障制度。

基于贡献获得权益的全球透明协作模式

全球化1.0，是一种所有事情都必须在相同标准下完成的模式，世界各地的人才都可以在这种框架下顺利地进行协同工作。比如，一家日本半导体芯片供应商能够与一家美国公司开展业务合作，并共同营销一种将在美国和欧洲市场销售的产品。区块链技术的出现，彻底改变了公司和个人进行全球化互动和交易的方式。它能够提供去中心化和安全的交易记录，从而为国际贸易和投资开创高效和透明的新时代。

全球化2.0是一种新的范式。在这种范式中，计算机将接受标准、法规和消费者偏好方面的本地差异管理，同时，通过执行小型本地交易来满足来自世界各地的不同需求，进而应对先进生产的复杂性和多样态的市场环境。在这种新模式下，计算机和电子设备取代了官僚机构。

随着区块链技术的不断发展和普及，了解其潜力以及懂得如何利用它来改善我们进行全球化互动和交易的方式非常重要。

1. 简化任务，提高工作效率

简化任务可以提高工作效率。当简单的事情变得更易做的时候，大型系统也会变得更有效率。

当前组织中较为低效和复杂的部分，例如，执行标准、法规和官僚主义，借用区块链，就可以简化和自动化这些流程，而企业、政府和整个社会都将从中受益。

有赖于工序的改进，全球贸易和价格低廉的微电子技术得以出现，然后二者结合引发了一场革命。

计算机可以管理所有的行政流程，通过消除与官僚主义相关的干扰和时间损失，让员工专注于创新和创造附加值。虽然这看起来像是一个乌托邦或遥远的梦，但它完全有可能实现。

2. hand-to-hand 协议的达成

达成 hand-to-hand 协议的过程可能很缓慢，成本还非常高。小企业和个人之间的协议往往是动态变化的，但当前缺少灵活性和可拓展性的系统，很难让多方参与进来。而像区块链这样的通用基础设施，可以让人们随时与他人达成即时协议，因为区块链网络可以提供必要的灵活性和完整性。

未来，在区块链上签署的智能合约可能与在公证人面前签署的传统合同一样具有法律效力。

3. 深度数字化

深度数字化是消除纸质依赖、提高企业和机构效率的一种方式。目前的实际情况是，尽管数字发票早已出现，但仍有许多流程依赖于纸质发票，比如，国际贸易。在没有任何干扰的情况下，全球化运输的速度很快，但实际上货物极有可能在运输过程中被卡住，从而导致项目延误的发生。

供应链中存在不可靠的环节，这让国际贸易和大规模国际合作变得复杂。在这一过程中，所谓最不可靠的环节通常就是那些未进行数字化的部分，比如，海关和运货单据。即使在自动化程度最高的港口，仍然要依赖纸质票据。公司寻求数字化转型和官僚程序规定使用纸质证明之间产生了矛盾，区块链技术可以帮助解决这一问题——通过将目前需要纸质文件的流程数字化。

只要缺少通用的全球性基础设施和统一的规范标准，不同组织的系统之间就难以实现互操作性。在这种情况下，纸张仍是重要的通信工具。不过，随着区块链应用于组织间的高速互连，这种情况可能会发生变化。

4. 复杂系统的自动可靠性

一架飞机或一部手机是由数百家供应商生产的数千个零件组成的，只要有一个存在缺陷或质量低于既定标准，整个系统的可靠性都会受到影响，从而导致严重的后果。也就是说，只有大大减低单独部件的不良率，高效可靠的系统才可能存在。这就是所谓的质量控制过程，即以"零缺陷"的完美商业追求，带动质量大幅度提高、成本大幅度降低，最终实现财务成效的提高与企业竞争力的突破。如果缺少这种质量水平，就不可能有高效可靠的系统。

5. 协议互联网

如果智能合约有明确的监管框架，同时管理协议的任务可以委托给符合所有现行标准和法规的可靠机器,就可以彻底改变买卖和合作的方式。智能合约生态系统和区块链技术的应用将催生"协议互联网"。

目前,组织间的合同对人和机器来说都太晦涩难懂,而且有关程序也很复杂。拥有坚实法律部门的大公司或许可以做到,但对于没有法律知识的终端用户或自由职业者来说,这是一个大问题。而智能合同的一个优点是,可以简化复杂的法律内容。

当市场要素具有复杂的法律管理标准和独立性时,企业就很难通过组合市场要素来创造新的产品和服务,会限制经济领域的许多发展。区块链技术和智能合约有望消除这种不可靠障碍。只要在一个明确、易懂和可理解的技术层上为合同划定一个适用于所有公司的统一且客观的标准,管理合同网络就会变得更加简单,小企业也能参与到以往无法进入的市场中。

6. 透明度和国际发展

透明度和国际发展也受到上述复杂因素的影响。与组件供应商和复杂的现实系统不同,还有一些涉及太阳能电池板安装的国际合作项目。这些项目的预算很少,且大部分来自捐赠,因此项目必须尽可能地提高效率,并以不超过项目成本 20% 的费用来进行持续审计,以增加捐赠资金的透明度。此外,这类项目的协作通常很复杂,参与者众多,但由于系统之间缺少互操作性,各方协作的效率并不高。

全球化 2.0 的特点是有一个复杂的、可互操作的全球化环境。在这种环境中，与业务相关的摩擦减少了，许多流程实现了简化和自动化，各方的协作程度和水平也得到了大大提高。总之，区块链开启的全球化 2.0 时代有望颠覆我们以往交易和合作的方式及理念。

第七章　传统企业的模式创新之路

传统企业基于数字生态的数字化之路

在数字化时代，数据和技术成为企业竞争的核心要素。数字化不仅仅是将纸质文件转换为电子格式，更改变了企业的思维方式、组织结构和业务模式。

数字化的核心在于数据。通过数字化，企业可以收集、存储和分析大量的数据，获得深入的洞察力和决策支持。数字化还使得信息的传递更加便捷和实时，有助于企业更好地与客户互动，为客户提供个性化的产品和服务。

举两个例子。

案例1：西贝

2021年，由于受到疫情的影响，许多行业面临困境，线下餐饮、服装等泛零售和服务业更面临着无客流、大量食品积压、大量工资支出等问题。西贝的贷款工资只能持续3个月。后来，西贝利用企业微信，实现了日约200万元的外卖业务营业额，网上收入占总收入的80%以上。它是怎么做到的？

首先，西贝用企业微信与客户建立了联系。每天，200多家门店的客户经理都会通过企业微信连接9万多名客户，并在外部信息页面添加商场和微信外卖小程序。用户可以通过联系人员直接下单，线下服务快速转型。

其次，西贝通过社群、朋友圈的方式来触达客户。例如，在2月返工潮期间，西贝特别推出了企业工作团餐，然后借助客户朋友圈快速曝光，推广订单。

最后，给客户进行精准推荐。客户经理运用企业微信打标签功能，给不同口味的客户做标记。此外，西贝还打通了企业微信和该公司的CRM（客户管理系统），员工可以在企业微信上看到客户的用餐偏好等信息，能准确地为客户推荐菜品。

案例2：奈雪

2020年，疫情出现后，奈雪依托微信小程序，以及第三方外卖平台等，针对"宅家点单"和"门店自取"两种渠道，推出了"无接触服务"。这些新尝试，缓解了门店的经营压力，奈雪点单小程序和第三方外卖平台也成了用户购买产品的主要渠道，订单量稳步提高。通过小程序的会员体系、用户打分及评价、客户的实时反馈，推动奈雪产品的优化、新品的研发以及对客户的服务。

用系统代替人来管理，是奈雪经营方式的变革，至此门店管理变得异常简单，门店复制也更有章可循。从最开始的线上订单、线下取单，在线实时评价反馈起始，基于供应链端到数字化门店共同合力的结果，奈雪重塑了商业模式，基于平台智能的数据打通、门店终端的分布式管理，使终端更灵活，管理更智能。

（1）在数字化管理方面。通过自研的人工智能与AI系统，系统会从奈雪的门店学习，线上线下的鉴定，代替人的管理工作。系统学完了哪些岗位，在系统里立刻就能表现出来，从开始的不如人工，到准确、到精确，再达到顶尖店长的水平。在这种进化过程中，系统会自动预测每一个时段、每一个产品的业绩，并匹配每个员工到每个岗位，大大提高了效率。产品的匹配性更好，也节约了时间，降低了门店的管理难度。通过数字化应用和自主研发自动和半自动化设备，整个制茶工作变得更简单。从人泡茶到机器泡茶、从让人主动记住配方到系统主动提醒，奈雪的茶快速解放了人力，快速摆脱了门店对人的强依赖。数字化让员工从自我驱动型的"记得我要做什么"，变成被动的，系统会自动通知员工什么时候要干什么。AI+人工智能，让基于系统的管理执行非常标准化和智能化，比人工更可靠、更精准。

（2）在产品数字化驱动方面。从消费者到制造商，奈雪的茶的产品研发也得益于有效的供应链管理和会员体系。利用客户的交易信息，进行数据分析后，公司能够及时识别消费者需求的变化，改进现有产品和推出新品，并能根据区域、季节、热点等变量因素，推出定制化产品。在研发新品时，奈雪会基于自有会员数据和外部市场数据，更有针对性地进行产品研发。同时，基于客户与会员的评价反馈，让新品可以天为单位进行迭代优化，消费者的评价在使奈雪不断优化产品的同时，倒推新品上市的策划与营销推广的调整。奈雪所有店均部署 Teacore，帮助维持质量控制，优化客户体验，提高运营效率，助力快速扩张。

（3）元宇宙布局探索。奈雪将会员积分升级为奈雪币，并向用户推出了虚拟股票的游戏玩法，在社交媒体上引发了广泛关注，并延伸出一系列讨论。其实，这并不是奈雪在元宇宙领域尝试的首次营销。在 2021 年 12 月，奈雪便上线了奈雪的茶正式官宣品牌大使——"NAYUKI"，并发布了概念视频。不仅如此，奈雪还围绕这一虚拟形象推出了实体手办和 NFT 数字藏品。产品力打造和品牌力建设，是新消费品牌的"两驾马车"。从战略意义上来说，奈雪的茶入局元宇宙，代表着新消费品牌寻找第三种可能的尝试。在奈雪生日季期间，来自元宇宙的"NAYUKI"的直播活动，为用户带来了会员充值卡充 100 元得 150 元的福利。开始直播后的 72 小时，充卡 GMV 就达到约 2 亿元。

对于传统产业而言，数字化转型是利用数字技术进行全方位、多角度、全链条的改造过程。通过深化数字技术在生产、运营、管理和营销等环节的应用，实现企业以及产业层面的数字化、网络化、智能化发展，不断释放数字技术对经济发展的放大、叠加、倍增作用，是传统产业实现质量变革、效率变革、动力变革的重要途径。

对传统企业来说,数字化不是简单的内部业务与管理系统化,其本质是在信息技术驱动下的业务转型,根本目的在于提高企业竞争力。一方面,经济新常态下企业增长趋缓,竞争加剧,要求企业优化或转变现有管理、业务或商业模式;另一方面,移动终端和互联网的普及令企业能够直接接触最终消费者,更加便捷、准确地了解消费者的需求。加上新一代信息技术的成熟和实用化,让基于数据的、以较低的成本快速满足客户个性需求,并改善用户体验的新的管理、业务或商业模式成为可能。

传统企业的数字化真正的价值不是要改变消费端,而是要改变供给端,也就是制造端。真正的数字化,是通过技术进行价值链的重塑,只要实现这些改造,就会诞生无限可能的新产业组合和全新机会。

而要想实现中小企业数字化深度重构,就要抓住四个关键点。

关键点1,优化管理体系为数字化建设奠定基础。

数字化系统就像一辆超级跑车,企业的基础管理体系好比道路,跑车虽然既能在高速公路上飞驰,也可在乡间土路上爬行,但结果如何,企业需要自己做出判断。

企业组织管理要实现在线化、数字化,并不是只要将一群人放在组织中就行,而是需要将组织的架构、职责、角色、权限、分工以及工作的协作关系等都通过流程的形式进行管理,只有具备了这样的基础环境,在线化、数字化才有望实现。否则,"管理一穷二白",不管花多少钱、上什么数字化平台,都是徒劳无功。对于中小企业而言,无论处于信息化时代还是处于数字化时代,首先都要实现管理的规范化。

关键点2,业务进系统是实现在线和协同的基本保障。

数据信息之间要想实现有效的交互,是有前提条件的,最基本的要求是要在同一环境下。所以,对于中小企业而言,在数字化重构升级过程中,核心就是要保障所有业务活动全部进系统运行管理,避免原本相互关联的业务活动,一半在ERP等系统中线上运行,一半在个人PC端单机处理甚至纸质上手工操作。虽然都是自家生产的数据,但彼此不认识。不能将所有的业务进系统,数字化应用后的结果也不可能好。

有些厂商很强大,当企业提出要实现"一切业务进系统"时,往往会遭遇厂商的强烈反对,甚至认为企业在提"无理要求""伪需求"。因为他们自信:自己售卖的系统是经过行业最佳实践验证过的"小企业根本就没有理由质疑我的最佳实践结晶"……

不过,即使厂商如此强势,企业仍然需要守好底线。因为很多企业的运营依赖的并不是一套系统。

关键点3,对象数字化、过程数字化以及规则数字化。

数字化连统一的定义都没有,自然也就不会有统一的解决方案。最直接有效的做法便是一企一策、千企千面的数字化设计。但即使这样,也并不代表数字化过程中没有共同的准则可循,一旦在实践中脱离或偏离了这些基本的准则,数字化的结果也可能成为脱缰的野马。

对象数字化、过程数字化、规则数字化就是这样的一组共同准则,在数字化实践中,企业需要遵循并扎实应用到具体的业务环节中(见

表 7-1）。

表7-1 对象数字化、过程数字化、规则数字化含义及说明

含义	说明
对象数字化	企业所有的管理要素对象都能被定义到系统中，能被系统识别、应用和管理。目标是在数字世界中建立物理对象的数字映射，使对象在数字世界与物理世界中趋于一致
过程数字化	不仅要将业务过程由线下转到线上，更要引入数字技术来提高企业对业务的认知、优化或重构流程，使作业过程中信息流和资金流，实物流保持同步，提高用户体验和作业效率，提高业务决策质量
规则数字化	随着企业的不断发展，内部以制度流程文件形式发布的规则会越来越多、越来越杂乱，这些规则治理和执行起来也越来越困难。在数字化建设过程中，为了减少业务运行规则的人为干预，提高流程自动化水平，首先要将规则进行显性化、结构化定义，实现业务层面的清晰管理；其次，将业务规则内部的判断逻辑转换为IT系统可读，借助算法实现确定规则自动判断执行

关键点 4，让数据自动流动，实现数据找人。

从本质上来说，数据驱动就是通过支撑设计、生产、采购、销售、经营及财务等部门的业务系统，对生产全过程、产品全生命周期、供应链等各环节的数据进行采集、存储、分析和挖掘，确保所有的部门以相同的数据协同工作，进而提高企业生产运营效率。

企业竞争是资源配置效率的竞争，资源配置效率的核心在于科学、高效和精准地决策。企业无论规模大小，要想做出科学、高效和精准的决策，越来越依赖于数据的自动流动。也就是说，要把正确的数据以正

确的方式、在正确的时间传递给正确的人和机器。

在数字化建设实践中，如果企业的所有数据都是静止不动的，那么数字化建设的价值也会大打折扣。

创作者经济引领国潮商业崛起

创作者经济是目前互联网上日益兴起的一种新业态。在这种业态下，独立的内容创作者会绕过传统的中心化平台，以去中心化的方式发布自己的原创内容，并以此获取收益。

网上的创作围绕着中心化的平台展开，平台掌握着创作者发布作品的渠道，并对作品拥有强大的控制力。例如，只要平台愿意，就可以随意封杀创作者发布的博客或音乐作品。

其实，从 Web 2.0 时代开始，创作者就可以在互联网上发布自己的作品。

案例1：武汉文旅

2023年，武汉文旅集团旗下"数字山海经"首款神兽文创雪糕可爱亮相。观众可以打卡穿越之旅，品尝文创雪糕，体验一场童真与奇妙的探险。

华中国数基地·数字山海经是华中首家神话元宇宙体验乐园。它以《山海经》为蓝本，构建了一个平行时空的元宇宙剧场，连接上古神话的过去和科技世界的未来。在这里，观众能回到中国远古文化的源头，重拾最初的想象，感受传统神话里的玄妙。同时，选取白泽、烛龙等神兽形象打造的文创雪糕，使其由上古神兽形象转变成触手可及的卡通角色IP。游客可以在独具东方韵味的"山海宇宙"中，了解传统经典，读懂自己的故事。

通万物情的呆萌祥瑞，上知天文地理，下知鸡毛蒜皮。白泽外表或憨态可掬或威严神秘，内心却如同一位充满智慧的老者，温柔且亲善。同款神兽雪糕完美复制了白泽形象，每一处毛发、每一处肌理都极为考究。"香草味"始终是冰激凌的默认口味，比纯粹的牛奶冰激凌多了点小清新的香气，又没有水果味冰激凌的甜腻，这股清甜完全可以拂去夏日的闷热和烦忧。

威严的章尾山神，不食不寝不息，掌管着昼夜风雨。烛龙是这世上最古老的神兽，行踪不定、不爱表露自己的内心，掌控时间的他有着不容置疑的威严和冷漠。

当"巧克力"遇到上古神兽，浓郁丝滑的口感瞬间打开了食客的味蕾，传统文化和现代生活得以完美交融。

数字山海经以数实融合的元宇宙文娱体验为核心，形成了平行时空元宇宙剧场、玄豹巡游、山海经主题商业体验等模块组成的潮流文化消费生态。数字山海经首款文创雪糕的诞生，让憨态可掬的神兽在人们的手里"活"了过来，让神话传说从古籍幻化为"现实"。人们可以跨过时间漫流的长河，感受上古凝视的目光，广阔而震撼。

案例2：咖菲科技

唐朝凭借其开放包容，成就了中国社会发展的黄金时代，也为后世留下了璀璨的文化宝藏。咖菲科技全球独家发行6+1款"大唐小仕女"数字藏品，把传统的大唐风韵带入酷炫元宇宙。

咖菲科技旗下IP"大唐气韵"，其发行的"大唐小仕女"系列数字藏品，所有藏品均是动态GIF，是咖菲科技将古代传统习俗数字艺术品化的一次诚意之作。每幅作品的背后都蕴藏着一段对唐朝文化的科普介绍。

"创作者经济"是一种创作者通过创作内容，获得"粉丝"，并以此营利的经济行为。创作者不但能把作品销售给受众，还能把受众的注意力销售给广告商，形成了"二次售卖"模式。典型的如报纸、杂志、广播、电视节目等的运营，都采用了这一模式。而具有过度和排他特征的粉丝，不但可以成为创作者和内容的忠诚追随者，也会为广告植入、内容种草、直播带货、电商变现等推广活动买单，更加积极地推动创作者经济的发展和壮大。

互联网时代，创作者的盈利模式更加多元化，形成了"内容＋商业"的双生逻辑，创作者行为的商业化趋势更加明显。

垂直场景和区域小平台模式设计

如今，数字经济已经成为很多国家争夺的战略制高点，各国纷纷把数据产业作为战略性新兴动能加以培育。而国内由于受到数据共享不足、应用场景有限、应用专业化水平不高等限制，数据要素市场发展尚处于初级阶段。数据产业链水平不高，需要加快对数据产业化应用模式的探索创新。

沿着产业链纵向推进的垂直场景应用，主体对象明确，数据集成便捷，服务精细专业，激励形成闭环，监管更容易穿透，有更多国际成功案例可借鉴，能够为数据的延展和综合性创新打下坚实基础，是加快企业数据产业化和推动大数据交易转型升级的有力抓手。

2023年2月，东鹏饮料发布的"2022年度业绩快报公告"，引起了业界关注。公告中说："报告期内，公司销售商品收到的现金超过100亿元，在2022年度，首次实现了营收回款过百亿元。"显然，这个成绩展示了东鹏饮料近年来的市场增速"韧性"，也给了投资方、渠道经销商等更多的信心和期待。

2022年，市场环境充满不确定性与挑战性，东鹏饮料却能逆势飘红，实属不易。

1. 强大的品牌力、产品力、渠道力和营销力，奠定了其市场竞争的优势和发展韧性。其中，产品差异化竞争优势更是关键中的关键。要知道，当年东鹏饮料随红牛饮料入局功能饮料市场，就是凭借着差异化的包装与价格优势，构筑了自身的护城河。例如，2017年推出的500ml金瓶东鹏特饮，终端售价5元/瓶，一经推广，就迅速成为主力产品。而且，东鹏特饮500ml大金瓶产品，这几年的市场份额增长强劲，其主流规格、5元的价格带、被认可的功效、一元乐享等消费者活动，构筑了强大的产品力。无论是2019年推出的"由柑柠檬茶"，还是2021年上市的"东鹏0糖特饮""东鹏大咖"摇摇拿铁、女性能量饮料"她能"；抑或2022年新推出的"东鹏运动特饮""东鹏气泡特饮"等，乃至最新推出的"东鹏补水啦""东鹏天然水"等，都进一步丰富了"东鹏能量家族"，更好地满足了消费者不同场景的需求。

2. 从广东品牌到全国品牌，渠道布局广结良缘。就渠道渗透力而言，东鹏饮料经过多年努力，在广东区域全渠道精耕策略基础上，在全国范围内加强终端网点渗透，从一个别人眼中的广东品牌，摇身变成了家喻户晓的全国品牌。而且，在快消品行业，东鹏饮料还是最早实施数字化转型的企业之一。基于在数字力方面的优势，全方位赋能东鹏饮料的管理效率，例如，运用大数据、二维码等技术，可以对产品生产、营销和渠道管理进行升级改造，逐步实现精细化管理和精准营销等。

3. 从渠道赋能到品牌赋能，年轻化战略显成效。在品牌建设方面，东鹏饮料也可圈可点。一方面，东鹏饮料不断提高品牌形象，沉淀品牌资产，持续投入，让品牌知名度和美誉度进一步提高。另一方面，多年以来，基于品牌年轻化战略，除了结合年轻人消费喜好研发推出新品以外，东鹏饮料还营造出了更多的消费场景，缔造了更多的品牌联想与情感关联，实现了与消费者的持续而有效的沟通。在营销推广上，东鹏特饮贴合年轻人的消费场景，打出了"累了困了喝东鹏特饮""年轻就要醒着拼"等系列魔性广告，火速圈粉年轻消费群体。除此，东鹏特饮还赞助了热门影视剧、综艺节目和重大赛事，与年轻人群实现了有效沟通互动，缔造共鸣。比如，东鹏特饮成为"王者荣耀职业联赛官方指定能量饮料""RNG指定官方能量饮料"等，进一步融入新时代年轻人的消费语境。而基于能量饮料从蓝领工人、司机向经常熬夜加班的白领群体延伸，以及向运动健身、电竞等更多体育运动等消费场景渗透的趋势，东鹏饮料加强了系列体育营销推广。

无论是在中国功能饮料市场中"虎口拔牙"，还是凭借产品差异化、渠道精细化、营销精准化不断提高市场占有率，东鹏饮料让消费者用实际行动进行了投票，活成了"别人家眼中的孩子"。

随着互联网发展逐步迈入场景时代，可穿戴设备、大数据、传感器、社交媒体、定位系统等五大关键技术，将大规模改变社会生活方式和商业形态。特定的数据流动和分享，应该与具体的场景化数据模式相匹配，场景化的设置将最大限度地激发相应数据的潜在价值。而且，同样的数据放置在不同的场景中，可交易性和价值都会存在差异。即使在数据保护方面，也有必要基于场景对"数据安全""隐私信息"进行具体限定。

沿着产业链纵向推进的数据垂直场景应用，是加快数据产业化进程的重要方向。垂直场景主要指聚焦具体应用领域，明确特定数据主体对象，以及基于该主体某些信息集合而形成的数据产业生态闭环。与社交、电商平台等其他融合方式相比，垂直数据融合不追求大、多、全，而是更加强调做好细分领域，打造专业信息平台，沿着产业链纵向分布，更加追求精、深、细，深入挖掘该领域的潜在价值。

与全方位综合应用场景比较而言，垂直应用场景至少具有以下四方面的优势。

1. 小切口

数据产品服务的对象更容易聚焦，便于发挥领域内的专业知识，加快产品的设计和开发。而且，数据产品技术标准化更容易，更有利于产品的迭代升级。

2. 易形成信息闭环

市场主体可以从垂直的场景中自动产生信息激励，促进可持续的信息供给、应用及价值分配。

3. 可扩展性良好

以某个领域为核心向周边扩展的同一类型或有统一共性的产品或者服务，能够有效地将具体领域的专业性和数字化的规模效应结合起来。

4.问题清晰突出

在垂直场景下,数据产业的问题更容易识别,进而更好地满足监管穿透的要求。

传统企业的"专精特新"模式

"专精特新"企业一般位于产业基础核心领域、产业链关键环节,创新能力突出、掌握核心技术、细分市场占有率高、质量效益好,是优质中小企业的核心力量。而专精特新,指的是在专业化、精细化、特色化和新颖化等四方面均表现得非常突出的企业。

专业化,指的是企业专注核心业务,具备专业化生产、服务和协作配套的能力,其产品和服务在产业链某个环节中处于优势地位,为大企业、大项目和产业链提供优质零部件、元器件、配套产品和配套服务。

精细化,指的是企业经营管理精细高效,在经营管理中建立了精细高效的制度、流程和体系,实现了生产精细化、管理精细化、服务精细化,形成核心竞争力,其产品或者服务品质精良。

特色化,指的便是企业针对特定市场或特定消费群体,利用特色资源、传统技艺、地域文化或采用独特的工艺、技术、配方或特殊原料进行研制生产或提供独具特色的产品或服务,具有独特性、独有性、独家生产的特点，有较强的影响力和品牌知名度。

新颖化，指的是企业创新能力成效显著，具有持续创新能力，并取得了比较明显的成效，企业产品或服务属于新经济、新产业领域或新技术、新工艺、新创意、新模式等方面创新成果，拥有自主知识产权，应用前景广阔，具有良好的发展潜力。

"专精特新"中小企业指的是具备专业化、精细化、特色化、新颖化的特征的中小企业。它们小而尖、小而专，长期专注于某些细分领域，在技术工艺、产品质量上精耕细作，具有专业程度高、创新能力强、发展潜力大等特点，是未来产业链的重要支撑，是强链补链的主力军。要想成为专精特新小巨人，首先要成为专精特新企业。

那么，传统企业如何借助"专精特新"政策加速走向成功呢？

1. 努力填补空白，带动产业升级

要想成为"专精特新"企业，就要聚焦于企业短板弱项，加强基础研究，推动应用研究，对卡脖子难题不回避不放弃，牢牢掌握核心环节和关键技术。同时，企业要抓住新一轮科技革命和产业变革的机遇，因为在我国工业体系内部仍有诸多空白的细分领域需要弥补短板。

2. 做事精益求精，专注核心产品

大量小而专的企业建立竞争优势的时间短则10年，长则数十年。企业家要摒弃规模崇拜，拒绝多元化诱惑，建立核心产品竞争优势，尊重规律、注重工匠精神。事实证明，真正有价值的"专精特新"背后往往都是几十年如一日的内功修炼，要有"与时间做朋友"的耐心。

处在市级阶段的"专精特新"企业，要将主营业务收入在总收入占比中提高到70%，摆脱对政府补助的依赖；在升级阶段的企业，要进一步将主营业务收入在总收入占比中提高到75%；在国家级阶段的企业，产品在细分市场占有率要位于全省前3位，最终成为行业的"隐形冠军"。

3.重视人才建设，以创新驱动企业发展

中小企业面临着许多成长的烦恼：持续创新能力不足、协调创新能力不强、国际竞争力有待提高等。这些问题不解决，企业就难以获得可持续性发展。因此，在省市级阶段的"专精特新"企业，要将具有本科以上学历或中级以上职称员工数占企业员工总数提高到40%以上；在国家级阶段的企业占比扩大至50%以上。此外，还要学会借助外力，要与高等院校、科研机构联合建立研发机构，设立技术研究院、企业技术中心、企业工程中心、院士专家工作站、博士后工作站等。

4.适选投资机构，为企业发展赋能

当大量的资本开始关注"专精特新"企业时，企业要想获得进一步发展，不仅仅需要充沛的资金，还要为企业带来认知升级和管理创新的投资机构。

对于"专精特新"企业而言，创业是一系列极其专业的行为，已经从业余选手竞争走向专业选手比拼。而企业创始人及核心团队大多是技术出身，长期扎根于某个细分领域，时间和精力大多放在产品研发和打磨上，认知和专业无法覆盖企业经营管理的全部环节，因此更加离不开专业投资机构的扶持和帮助。

在全球科技竞争与中国经济产业转型升级的双重机遇下,"专精特新"政策的出台为中小企业的发展带来了新的机遇。未来,只有不断精进的"专精特新"中小企业,才能更好地分享中国在科技创新、消费升级和产业变革过程中蕴藏的巨大红利。

第三部分
用新商业模式获取明天的利润

第八章 新商业模式需要敢为人先的领军者

创业者需要设计全球商业模式

一直以来,商业模式都是个热门话题。不论是市值达到千亿美元的苹果、亚马逊,还是小如街边的奶茶店,每个奋斗在商场的创业者满嘴都是 B2B("Business to Business",企对企)、B2C("Business-to-Customer",商对客)、O2O("Online to Offline",微信二维码营销)等时髦词语。只要一提到商业模式这个话题,都心潮澎湃,侃侃而谈,似乎商业模式这个词儿有一种振奋人心的魔力。

21 世纪初始,特拉维夫市以高新技术产业、文化旅游业和金融业的发展为驱动,开始打造"全球城市"。2010 年,在特拉维夫市长办公室的主导下,成立了以提高特拉维夫全球地位与国际形象为目标的特拉维夫全球城市办公室。这项城市推广行动,与其他政府部门和非政府组织合作，计划运用一系列的营销手段和战略规划，将特拉维夫打造成国际领先的商业和创新中心，吸引人才与企业进驻。

于是，特拉维夫市被冠以"创意城市"（startup city）之名。之后，市政府制定了三条原则用以实施创意城市打造的行动计划：第一，营造一个创新的、数字的、易于发展的环境；第二，展示城市的独特魅力，不断吸引国外的游访者；第三，鼓励居民积极参与"创意城市"的启动建设。

特拉维夫市作为科技城市兴起的奥秘，不仅在于以色列政府或者市场的行为，如高新技术和创新型企业的不断入驻带动的高新技术市场的繁荣发展，以及政府对这些企业的支持和鼓励措施，也在于以色列所处的地缘政治环境，以及犹太族的民族特性。多个力量相互补充与协调发展，最终促成了特拉维夫市以及以色列创新生态的建立、高科技产业的崛起。

1. 风险投资助力创新。以色列人均风险投资额位居世界第一，成熟的风险投资市场推动了创新技术快速发展。风险投资不仅鼓励了企业进行原始技术创新，更通过风险投资推动了以色列技术同世界科技前沿接轨。与此同时，为了维护投资安全，以色列还构建了良好的法律环境、公司治理和政府服务环境，并通过IPO、并购、技术转让、合资参股等多元化渠道保障了风险资本成功退出。

2. 产学研体系推动创新成果商业化。以色列是世界上为数不多的能将高校科研成果成功转化的国家之一，拥有全球著名的8所高校。多所高校拥有诺贝尔奖得主，如以色列理工学院就有3名诺贝尔奖获得者。由于以色列国内市场规模狭小，有着巨大的国际科技合作需求，各高校都设立了技术转化公司，以市场化方式推进学校科研成果的全球商业化运作。这样，既可以通过专业化运作来保证科研技术转化的成功率和收益率，又能将研发与市场推广进行深度分析，而使科学家更关注于技术研发。

3. 移民特质激励原始创新。以色列是一个移民国家，其移民文化蕴藏着勇于冒险、敢于打破常规、思路更开放等特征，与创新所需要的元素高度契合，更有利于推动科学技术创新。苏联解体后，大量犹太人从动荡的斯拉夫地区移民到以色列，多数都是专业技术工人和科研人员，其中还有很多博士或科学家，为以色列创新提供了强大的人才支持。同时，以色列对移民实行双重国籍制度，大大吸引了全球犹太裔科学家为以色列贡献智慧。

4. 创新孵化器助力创新转化为生产力。孵化器是科技创新的重要载体，以色列被普遍认为拥有世界上最先进的孵化器，主要分为政府型、企业型、高校型和合资型。政府型孵化器主要是政府主导的孵化器，随着孵化器创新发展，该类型孵化器逐步减少了政府参与，强化孵化器自身盈利能力。高校型孵化器是主要的科研阵地，主要以大学科学园的形式存在，主要模式是通过搭建孵化器与政府、投资者、国际化公司的沟通平台，帮助初创企业寻找资金、市场和合作伙伴。

特拉维夫市发展高新技术产业的历程，以及其所构建的创新生态，对各个产业园区运营公司都有着重要的启发意义，特拉维夫市之所以能如此成功，原因之一就是，打造全球性科技创新中心的形象，吸引全世界的科技人才移民。

人才是科技创新的源头，没有人才就没有创新。国际市场的拓展不仅可以为创业者带来更大的商机和利润，还可以增加企业的竞争力和影响力。

1. 创业者在国际市场拓展中的策略

在国际市场拓展中，创业者可以采取以下策略：

（1）市场调研。在进军国际市场之前，创业者应该进行充分的市场调研，提前了解目标市场的文化、消费习惯、竞争对手等因素，然后制定合适的市场进入策略。

（2）选择合适的市场。根据产品或服务的特点和目标市场的需求，选择合适的国际市场进行拓展，可以对市场规模、增长潜力、竞争程度等因素进行评估。

（3）适应本地化。在进入国际市场时，创业者需要考虑产品或服务的本地化，制定适应目标市场的语言、文化、法律法规等，提高产品或服务的接受度和竞争力。

（4）建立合作伙伴关系。与当地的合作伙伴建立良好的合作关系，帮助创业者更好地理解目标市场，解决文化差异和市场挑战的问题。

2. 创业者在国际市场拓展中的挑战

在国际市场拓展中，创业者通常会面临以下挑战（见表8-1）。

表8-1 创业者面临的挑战及说明

挑战	说明
文化差异	不同国家和地区有着不同的文化背景和价值观,创业者需要了解和适应这些文化差异。在产品设计、市场营销和服务提供等方面,需要考虑文化的影响
法律和政策	不同国家和地区有着不同的法律和政策环境,创业者需要熟悉并遵守当地的法律法规。同时,政策的变化也可能对企业的经营产生影响,创业者需要及时调整策略
竞争对手	进入国际市场,必然要面临激烈的竞争,创业者需要了解竞争对手的优势和弱点,制定相应的竞争策略。同时,要不断提高产品或服务的竞争力,保持持续创新和卓越品质
资金和资源	要想拓展国际市场,需要大量的资金和资源支持。创业者要考虑如何融资和管理资金,以及如何合理配置资源,确保企业的可持续发展

在国际市场拓展中,创业者需要制定合适的策略,适应本地化,建立合作伙伴关系等。同时,还要面对文化差异、法律和政策、竞争对手以及资金和资源等挑战。只有通过不断的学习和调整,才能在国际市场中取得成功。

面向时代问题的集成创新模式

在经济全球化条件下,企业不能封闭起来进行自主创新,应开展广泛的对外科技合作与交流,完善引进技术的消化吸收和再创新机制,充分利用人类共同的科技成果。

以人工智能技术打造短视频内容生产集成创新平台，杭州文广集团开创了国内媒体行业之先河。

2023年伊始，杭州文广集团开始布局人工智能生成视频内容的技术研发创新工作，先后调研了之江实验室、大洋、索贝、联汇、像衍科技等一批科研机构、互联网技术公司以及腾讯、剪映等主流媒体平台。目前，已完成了文本驱动超写真语音生成、超写真数字主播生成、视频AI检索、文本驱动视频剪辑一键成片等技术创新模块的研发，并利用创新技术成功研发了国内首档全流程人工智能生成电视节目《冠军AI亚运》。

该节目以文广数字主播分身和冠军运动员的嘉宾数字主播分身共同主持的方式，向观众介绍了第十九届亚运会的场馆知识和竞赛项目信息。其中，使用的超写真数字主播，无论从面部表情的驱动，还是主持人真人的音色情感模仿，几乎都到了真假难辨的程度。该节目探索了数据一次采集、节目内容可无限高效生成的全新生产方式。

杭州文广集团以集成创新作为技术应用的发展模式，直接对接目前最前沿的算法大模型；同时，充分调用自有的庞大的音视频数据资源，技术起点高，应用场景切入点准，在内容生产领域取得了长足的进步，对全国媒体起到了很好的示范作用。

随着技术能力的提高和整合，以及对数据库进一步的拓展，这项人工智能技术的创新应用必将全面提高媒体的综合能力。该集团将进一步发挥多年来积累的音视频媒资库的资源优势，在人工智能内容生成的场景应用、市场实践、渠道分发等方面，与国内外技术领先的优势科技企业开展合作。合作各方将充分实现优势互补、技术共创，成果共享，尝试在内容多模态文本生成的模型开发等方向展开全方位的技术攻关。

再举个例子。

2006年11月，深圳市大疆创新科技有限公司正式成立，之后逐步壮大，慢慢改变了"无人机"行业格局，并逐渐领跑该行业。大疆不仅在国内无人机市场上，在国外市场，尤其是发达国家市场上也非常受欢迎，占据大部分市场份额。在美国，很多无人机爱好者和摄影师都选择大疆无人机。大疆是如何成功的？

1.高性价比，应用广泛。大家都知道，起初无人机的门槛非常高，费用动辄几万元甚至十几万元，让很多人望而止步，只有专业人士或一些无人机发烧友才会购买，受众比较少，市场规模不大。为了扩大市场路线，大疆定的价格不太高。比如，2012年"大疆精灵"发布，价值不足5000元，成为普通爱好者的首选，成功俘获一批年轻用户。大疆的横空出世，把以前昂贵的无人机的价格降得普通人也能玩得起，所以超高的性价比是它的优势之一。

2.独立研发。大疆无人机的核心技术是自主独立研发，生产的每一个零部件都在中国生产，不怕封锁，也不需要担心会遭遇断供的问题。

3.坚持创新。大疆无人机虽然有很多高性价比的产品，但一直没有放弃高端市场。凭借着低价产品积累了技术经验，不断研发新技术，占领了一部分高端市场。

给大疆无人机自发宣传的用户包括硅谷高管、好莱坞明星、极限运动爱好者，甚至还圈粉了不少科技圈的名人，如比尔·盖茨等。这些名人的发声就是最好的带货渠道之一。同时，大疆在其他领域也很出圈，如在热门美剧《生活大爆炸》中，在航拍达人的拍摄现场，大疆的身影随处可见。

利用这些社会名人和网络热点事件，大疆品牌加速传播。一方面印证了大疆产品的广泛应用；一方面也直接展示出无人机的强大功能，为大疆在海内外的火爆积累了口碑和流量基础。我们有理由相信，随着消费市场的不断扩大，大疆无人机在日后还会带给我们更多的惊喜。

这两个例子告诉我们，围绕一些具有较强技术关联性和产业带动性的战略产品和重大项目，将各种相关技术有机地融合起来，实现关键技术的突破，甚至引起重要领域的重大突破。现代企业集成创新，以提高企业持续的整体竞争力为目标，创新过程与创新资源创造性地集成与协同。虽然集成创新的概念还没有一个非常准确的定义，但无论何种表述都一致认为，集成创新的主体是企业，集成创新的目的是有效集成各种要素，在主动寻求最佳匹配要素的优化组合中产生"1+1>2"的集成效应。

越是动荡时代越要回到基础

1981年,国内第一支玻璃钢鱼竿在威海诞生,开启了威海渔具的产业化之旅。时至今日,全球市场上的钓鱼竿,"威海制造"占比超过60%;在国内,每10根鱼竿中就有8根来自威海。威海用小小钓鱼竿成长为"中国钓具之都",撬动整个世界的历程,也是威海光威集团有限责任公司(以下简称"威海光威")转型升级的"大时代"。

循着从民营小鱼竿厂,到家喻户晓的"钓鱼竿龙头",再到"碳纤维之王"的发展轨迹,威海光威撕下了廉价、量大、齐全的"代工"标签,以"品质""工艺""科技创新""自主品牌"的"中国智造"新名头,"抛"竿向世界,"挑"起市场话语权;用一连串响当当的成果,登上了碳纤维研发的科技高峰,走出了一条独具特色的创新之路,敲开了世界市场的大门。

1987年,光威做钓具起家。在没有技术、没有装备的困境下,自力更生,自筹资金,自组技术团队,奋战150多个日夜,研制出国内第一套鱼竿生产设备,并在1995年成为全球钓具界的翘楚。但巨大的考验很快随之而来。

威海光威的钓鱼竿是用碳纤维制成的,而碳纤维这种由碳元素组成的高性能合成纤维,一直被誉为材料界的"黑色黄金"。由于技术含量高和在高端工业领域的战略意义,国外长期对我国实行严格的产品、技术、装备等"三封锁",而碳纤维丝的制作秘密被日本等少数几个国家所掌握。

受制于人,催生创新求变。一个碳纤维生产线有4万个零部件,要解决2000个问题,碳纤维自主创新之路布满荆棘,但中国企业岂能仰人鼻息。为了解决这个"卡脖子"技术难题,威海光威决定将关键核心技术掌握在自己手中,做属于自己的碳纤维材料。

这是一个投资大、难度高、周期长、见效慢的产业。自决定上马研发碳纤维开始,威海光威共计投入近40亿元,连续亏损十多年,资金链一度濒临断裂。尽管短期内承受阵痛,但他们始终相信长期看来会换来丰厚回报。

1998年,碳纤维预浸料成功国产化。2002年,光威集团旗下的威海拓展纤维有限公司成立,成为我国第一家从事碳纤维研发生产的民营企业,为攻关一系列"卡脖子"产品奠定了基础。2005年,CCF-1(T300级)碳纤维"863"验收通过,打破了国外垄断,填补了国内碳纤维事业的空白,并毅然由民转军,投入航空领域高性能碳纤维研发。2013年,以需求牵引碳纤维技术不断创新,威海拓展陆续突破CCF800H、CCM40J、CCF700G等高强高模关键技术,保障了国防军工领域碳纤维的自主供应,实现了产业化生产。2017年,光威复材成功上市,成为碳纤维行业的第一股……

二十年磨一剑,越过了"碳纤维"这座高山的光威集团,在行业中实现了从"追赶"到"并跑"的跨越,发展成为国内碳纤维行业生产品种齐全、生产技术先进、产业链完整的龙头企业之一。

第九章　商业模式转型的过渡步骤

由外而内设计商业模式

用户与企业之间的关系极其脆弱，一旦超级销售离开，订单也会随之离开。其实，市场部是修路的，销售部是跑车的。如果路修得好，车技差点也没问题，但如果路不好走，坑坑洼洼，即使车技再强，也无法发挥，即使勉强凭车技驾驭了路段，也是车手的本事，只要好车手不在了，一切又会归于零。

退一步说，即使面对 B 端用户的企业由强势市场部主导交互用户，也容易进入陷阱。因此，要想实现商业模式的转型，首先就要由外而内地设计商业模式。

举个例子。

通过创新，中兴通讯不仅在 4G、5G 时代成为运营商产品的全球领导者，更在诸多新兴领域获得重大突破，在更广阔领域提高了核心竞争力。

首先，以 M-ICT 为指导解决行业痛点。在技术、产品、市场份额、业绩等领域全方位进入国际先进行列之后，中兴通讯开始思考行业的未来。M-ICT 战略的提出，标志着中兴通讯正从行业领先开始迈向思想领先。企业全力推进 M-ICT 战略，解决行业核心痛点问题，推动产品和服务领域的创新，为客户创造价值，让其轻松应对市场变化的挑战。

其次，通过 CGO 零距离服务客户。中兴通讯通过新的 CGO 核心价值（"酷""绿色""开放"）指导公司业务，使公司专注于对用户有吸引力、对环境负责、有创意、合作的创新。

酷（Cool），就是因应客户而变，从贴近客户甚至客户的核心痛点找到市场引爆点。为了实现这个目的，要提供极致的产品体验，创新商业模式，把用户吸引过来。

绿色（Green），不仅意味着节能环保、自然生态友好，还意味着生机勃勃的创新环境。不仅指狭义上的珍视环境、重视节能减排，还要通过技术，创造更加生机勃勃的发展原动力，萌发出新的客户价值。为此，中兴通讯成立了 CGO 实验室，面向更长远的未来进行基础创新，探索符合人性的体验创新。

开放（Open），指全面开放，打造产业新生态，构建全新组织能力。中兴通讯全面开放，吸引各方客户、行业专家、合作伙伴等参与到价值链中，通过价值"吸引"聚合各方力量。

中兴通讯的新标识语是"未来，不等待"，寓意在万物互联时代，中兴通讯要顺势调节自己的前进步伐，不断改变，获得新时代入场券。

还有京东方。

京东方是半导体显示巨头，在技术上有绝对的优势，也为诸多电子产品厂商提供元件。它的尴尬之处在于很难引导厂商的需求，要维系一段合作关系，只能跟着厂商走。因为 C 端的用户需求一直都在变，但这类企业的 to B 基因却让它们远离了用户，很难感知到这种变化。

因此，无论是 to B 还是 to C 的企业，依然"以我为主"去猜测用户的需求，把用户往自己的思维框架里面装，根本无法获得用户真实的需求。被 B 端用户隔离而不能接触到终端的企业，会失去 C 端市场的感觉，发现不了用户的需求。

为了满足不同用户的各类需求，众多车企竞相提高自家车型的配置水平。虽然这样在一定程度上改善了车辆的功能和性能，但让整个行业普遍面临硬件端的"同质化"问题。由此产生的价格战和内卷竞争，威胁着整个行业的可持续性。

现今，能否定义"智能化"，为用户提供更优质的体验，一度成为车企破圈的核心。相较于传统品牌"高价低智"的 MPV 车型，腾势用技术创新的方式，在市场突出重围，开启了 MPV 的智能化元年。资料显示，截至 2023 年 8 月，腾势 D9 最新月销量为 11146 辆，连续半年在 30 万元以上豪华 MPV 市场中排名第一。腾势是如何做到这一点的？

腾势汽车在我国最北部的城镇——黑龙江省漠河市北极村展开了一场 17 小时的超长测试。为了检测腾势 Pilot 高级智能驾驶辅助系统在应对突发时的表现是否可靠，从日出巡航至日落，驾驶员在测试中交替驾驶车辆，尽可能保持车辆自主巡航状态。

直线行驶是许多智能汽车在辅助驾驶模式下的痛点，驾驶中容易出现直线"漂移"的情况。腾势D9无须人工介入，就能保持在两条白线间平稳行驶。

在旅游或通勤高峰期，腾势D9的Pilot智能驾驶辅助系统都能够精准判别，第一时间紧急刹停，与前车保持安全距离，无论是跟车还是变道超车都表现出色。

在长途自驾游或商务差旅的途中，驾驶员很容易出现疲劳或分心的情况。腾势DMS驾驶员监测系统会全程关注驾驶员，通过语音对司机做出停车休息的提示。借助LDA车道偏离辅助功能，如果驾驶员分神不小心偏离车道，系统就会立即通过仪表、声音或方向盘震动的方式予以提醒。还能帮助其纠正行驶方向，避免意外事故的发生，减轻车道偏离带来的风险。

腾势D9底盘最大的亮点，就是智能化。比亚迪耗资数十亿元自主研发了"云辇"，搭载该系统的车辆可以做到毫秒级阻尼调节，当车辆行驶在颠簸路面时，阻尼就会变小，减少车身的震动和晃动；在激烈驾驶时，阻尼则会变大，如急转弯时可以抑制车身的侧倾和俯仰，让驾乘体验更扎实。此外，还能根据乘客的晕车指数，调节车身的俯仰频率和幅度。

腾势D9可以迅速预警刹停，侧方垂直皆可自动泊入，即使宠物狗出现在车辆后方，主动刹车系统也能正常工作。即使在遮盖前挡风玻璃的

"盲开"情况下，腾势 D9 依然可以轻松地帮用户规避这些潜在的风险。

正是因为这个原因，腾势 D9 能够在上市不久就于小众赛道中月销破万。

企业要将"直接面对用户的能力"作为核心竞争力之一，因为只有理解了现在目标用户的需要，才能真正适应市场，是需要真正有价值的与众不同，基于对用户深度了解之上的与众不同，还是对用户有意义的与众不同？

从经营效能管理过渡到用户赋能管理

物质和信息爆炸的时代，消费在不断升级，商品在哪里都能"买得到"，产品本身已然不能成为核心竞争力的关键。哪里都有商品，拼的就是购买过程中的体验。体验经济时代，什么样的服务能让客户心甘情愿地买单？什么才算是好服务呢？

被称为"匠人中的匠人"的秋山利辉，是日本首屈一指的家具工厂秋山木工的创始人，一生坚持做纯手工家具。他说，"我不做用用就扔的东西，而是可以用一百年、两百年的传世家具"。他的著作《匠人精神》，被称作"走出低谷必读书"，甚至连日本知名企业家"经营之圣"稻田和夫都极为推崇。

秋山木工家具厂是个规模仅有 34 人的"小作坊",年收入却超过 11 亿日元。因为他们做的家具,永远都会超过客户的要求,全部都是手工制作,厂内无任何机械,也不会为了省事使用钉子。

同时,该工厂还为客户提供了到位的服务,令客户感动。当工作人员搬家具进客户家时,会礼貌寒暄,并自备一双干净的袜子;将家具放置好后,还将地擦干净。

在服务中投入感情和善意,服务自然而亲切,让客户感到舒服。服务不是有现成库存的标准化商品,客户对每一次服务的满意度,都取决于他"那一次"实际感受到的服务。所以,保证让每一次服务都超出客户的事前期待,是对企业的服务管理水平的一个考验。

很多客户都抱怨说,他不需要别人提供服务时,却有一堆人围着他转,希望他买点什么;等到他真的遇到些问题需要帮忙时,却很难找到一个靠谱的人来为他提供确切的帮助。比如,有的用户最怕各种"客户热线"。一大串问候语之后,得到的却是"某某业务请按 1""某某业务请按 2""普通话服务请按 1""某某话服务请按 2"……经过这样一番折腾,小心翼翼地选择按键就已经让人头昏脑涨。而客户想要的,其实就是找个"人"问上一两分钟,帮他把问题解决掉。所以,当客户真正需要有人为他服务时,就希望自己能顺利地找到人,这一点非常重要。因此,在服务中要放进感情和善意,而不能冷漠地公事公办。

所以,在企业能力范围内,多为客户想一些,多给客户一些便利,对企业来说,都是特别划算的事。很多人说,四川航空公司的飞机餐可能是全中国最好的飞机餐。好在哪里呢？他们确实有几个做法和别的航空公司不同：

1. 送餐时，空姐会问乘客要不要辣酱，这时候约有一半乘客会选择辣酱。

2. 除了常规的冷热饮，还给乘客提供一种特别饮品，比如，热的红枣茶，空姐还会积极续杯。

3. 常规餐饮外，会提供一些特别的小吃，比如，蒸胡萝卜、蒸红薯、蒸土豆等，都是符合健康饮食潮流的食物。

川航空姐的服务不像其他航空公司那么正式，但多了些亲切的成分。她们的服务，刚好满足了好服务的两个条件：一是超过一般标准；二是超出了客户的事前期待。

什么是超过一般标准的服务？简单说，就是你在服务上做得比同行好。这个好，不是员工更善于"微笑服务"，或者服务标准化程度比同行更高，而是让客户更开心、更舒服。

超过一般标准的服务着眼于企业为客户提供什么样的服务，而超过客户的事前预期，着眼于客户对你的服务有什么样的感受。当客户接受某种服务时，他心里已经对希望得到的服务，有一种期待，这叫"事前期待"。客户接受服务之后，又会对服务做出评价，这叫"实际评价"。事前期待和实际评价的吻合程度，就代表了客户对企业的服务质量的判断。通常有三种情况，具体如下：

1. 实际评价比事前期待高，客户会觉得非常满意，很可能成为回头客。

2. 实际评价比事前期待低，客户就会产生不满，可能不会再来。

3. 实际评价和事前期待水平相近。这说明企业的服务满足了客户的一般需求，但同时，这样的服务也很难给客户留下深刻印象。

最好的情况当然是客户的实际评价比事前期待高。

这也告诉我们，商业模式的转型，其实就是从经营效能管理过渡到用户赋能管理。

转型过渡期可能足够长

为了从能源获取、存储到应用，摆脱对化石能源的依赖。早在2008年，比亚迪公司就提出三大绿色梦想，即储能电站、太阳能电站、电动车，将"光伏＋电动车＋储能"三个产业构成零排放新能源生态闭环。

回望公司历史，比亚迪造车19年，绿色梦想未曾动摇，始终坚持深耕新能源车及其核心产业链，持续积累电动车产业链核心技术，实现了新能源车规模效应与品牌升级双突破，率先弯道超车。

2023年8月9日，比亚迪第500万辆新能源汽车正式下线，成为全球首家达成这一里程碑的车企。在发布会上，比亚迪董事长兼总裁王传福回忆了比亚迪从2003年涉足汽车行业至今近20年来的发展历程。当谈到创业途中的艰辛时，王传福几度哽咽。

比亚迪原本是一家电池制造企业，2003年打算转型做电动汽车，很多人都说王传福"疯了"。在2004年的北京国际车展上，比亚迪首次展出了三款新能源汽车，而其他展台全是燃油车，没人相信新能源汽车有未来，大家看不懂，也看不起。

在所有人的质疑或嘲笑声中，比亚迪坚定地走着这一条没有人走过的路。2008年，比亚迪发布了全球首款量产的插电式的混合动力车F3DM，搭载了全球首创的DM混动技术，后续又推出了DM2.0。到2018年，DM技术已经发展到第三代。中国新能源车市场插电混动的份额很小，技术本身还需要进一步优化和突破，也面临很大的不确定性。

很多车企陆续放弃了插电混动的研发，比亚迪内部也有很多人打算放弃，但王传福继续咬牙坚持，加大研发投入力度，他们将所有可行的路线都试了一遍。结果，比亚迪利润连续三年下滑，尤其是到2019年，净利润只有16亿元。

2019年，是比亚迪最艰难的一年。为了活下去，背后的辛酸王传福最清楚。在研发上，比亚迪咬紧牙关投了84亿元。直到2020年，比亚迪终于在插混专用发动机、EHS电混系统、插混专用刀片电池等三大核心技术迎来了突破和应用。

为了实现这一目标，比亚迪为此努力了20年，研发团队也从成立之初的二三十人增长了2000多倍。2023年，上万名应届大学毕业生加入比亚迪，其中81%从事研发工作。如今，研发人员已经多达9万多人，拥有 11 大研究院，为技术创新注入了源源不断的动力。

2023 年 8 月 9 日，比亚迪成为全球首家达成第 500 万辆新能源汽车下线的企业。比亚迪终于迎来了自己的高光时刻，也是属于中国品牌的高光时刻。

这个案例告诉我们，商业模式转型的过程不可能一蹴而就，可能要经历漫长的时间。

具体来说，处于转型期的企业，至少需要完成三层变迁，才能真正实现转型成功，即文化变迁、人才和知识结构变迁、组织架构变迁。

1. 文化变迁

很多企业转型失败的原因就在于一上来就轰轰烈烈地调架构、改制度、换人员，却忽略了思想上如果不能达成共识，转型就无法推动落地。下面，我们以微软的案例说明组织转型中文化的重要性。

在转型前，微软还停留在 PC 时代，其文化理念是"以 Windows 为核心"，在重新定义了新的使命、愿景和价值观后，将文化理念调整为"以客户为驱动"。并且，CEO 牵头并对组织转型保持直接负责的态度。这些都是促成微软转型取得成功的原因。

除了微软，IBM 这只曾遭遇危机的"大象"也通过转型，重新跳起了圆舞曲。1993 年，IBM 市场下滑、连年亏损、濒临倒闭，郭士纳临危受命，他虽然不懂 IT 行业，但凭借经验迅速找到了 IBM 的症结所在，并以重塑 IBM 企业文化为起点，开启了一系列转型。

2002 年，IBM 重新成为全球 IT 行业的领导者，公司连续保持盈利，股价增长了10倍，创造了一个"起死回生"的经营奇迹。

郭士纳对IBM的改造大致分为三个步骤：

第一步，从文化的视角了解IBM：以客户服务为导向；

第二步，制定新文化：坚持IBM新文化八原则；

第三步，以文化转型引领公司转型：将新文化注入员工的DNA。

微软和IBM这两家优秀企业的案例，让我们看到：组织转型，必须文化先行。

2. 人才和知识结构变迁

比如，企业数字化转型的最后，都落在人的层面，其中一个是老板，另一个就是数字化人才。这两个都可能成为制约企业数字化的因素。

企业需要什么样的数字化人才？很多人认为，是懂业务、懂数字化技术的复合型人才。但复合人才是稀缺的，其实企业可以成立"数字化委员会"，即把数字化转型所需要的各类知识结构互补的一群人组织在一起。这群人里可能有IT、有业务、有数据分析师、有开发……一起开展数字化"试验"。

人才和知识结构变迁是组织转型成功的关键因素，企业要改变原有的知识结构，从外部引入合适的人才。

3. 组织架构变迁

在这个阶段，企业的组织架构，也应该向能够适应业务转型、快速实现转型的组织架构去演变。

很多公司喜欢组织架构图，将公司人员姓名放进这些架构图中的框子里，一会儿把人搬来这里，一会儿搬去另一个地方，并声称这就是"组织架构调整"。这种做法是对组织架构调整的误解。

转型期企业组织架构变迁的方向应该是什么？是更敏捷、更扁平、更贴近业务、更贴近客户。如海尔的"人单合一""员工创客化"，阿里巴巴的"大中台、小前台"，华为的"铁三角"……

我们通常认为转型期企业只要有钱、有人、有资源，做组织转型就会独具优势，其实不然。很多转型期企业的组织转型最终会失败，根本原因在于他们是在按照之前成熟期的管理方法做创新业务，而忽略了企业转型期和创业期面临的挑战其实是一样的。这也是多数企业转型失败的主要原因。

一次使用，终身吸附的强势商业模式

强势的商业模式，一般是一次使用，终身吸附。对于这一点，我们以下面两个例子来说明。

Chat GPT 是 "Chat Generative Pre-trained Transformer" 的简称，是美国 Open AI 研发的一款聊天机器人程序，于 2022 年 11 月 30 日发布。这是一种人工智能技术驱动的自然语言处理工具，不仅能够通过学习和理解人类的语言来进行对话，还能根据聊天的上下文进行互动，像人类一样来聊天交流，甚至还能完成撰写邮件、视频脚本、文案、翻译、代码、写论文等任务。

Chat GPT 依托硬件 GPU 芯片矩阵算力基础和数据交换，基于数据层、算法层、算力层、理念层的系统整合，从 GPT-3、3.5、4、5，万亿语料、图像、流媒体数据都被纳入训练当中；系统依据人类反馈学习算法进行神经网络学习；同时，训练者和校准者负责价值观和伦理修正。

目前，Chat GPT 自身能带来的价值不可简单估量。因为以 Chat GPT 为代表的生成式人工智能技术变革性发展和突破，算法和技术的应用空间空前扩展，强势介入原先依附于人力和脑力的产品生产过程，提高了经济产业效益和生产效率的上限。但作为一种新兴事物，Chat GPT 的投产也面临着棘手的技术挑战。用户在文案、辅助写作、代码生成、艺术生成和设计过程之中，在应用到运营企业、教育、游戏/媒介、电商、金融、制造业和生命科学等领域，Chat GPT 需要解决训练语料的真伪和伦理偏差，解决内容生成缺陷，符合宗教、文化和种族伦理，依然需要大量人工参与校准。

在商业模式上，Chat GPT 能够直接触达很多商业场景，支撑商业产品与人类的进一步沟通与交互，最终促成商业场景落地和场景下探。作为实现对话式 AI 的重要一步，Chat GPT 可以充当机器人大脑，以谈判替代人力和人脑，与当下商业中最火爆的元宇宙、自动驾驶、云计算、数字人等概念结合，有利于自然语言实现更直接、更高效率的人机交互，有效地提取商业信息，挑战和突破人类信息现有的发展尺度，催生新的商业模式的形成和发展。

同时，由于 Chat GPT 拥有强大的信息搜索和加工合成能力，能够发挥优异的文字类工作辅助功能，及时支持甚至快速生成所需要的内外部商业交流材料，提供商业决策相关的模型和各类数据。通过人为输入决策的预期目标和限定条件，实时形成多种基于海量数据和优化后决策算法的可供选择的方案或模型，为商业方案的创新提供重要契机。

另一个例子是美国纽约小众奢侈香水品牌 Le Labo。

Le Labo 拥有香水实验室般的视觉设计和购物体验，其店铺里一般都会配备一名调香师，客户挑选好香水之后，由调香师现场配置，然后在玻璃瓶上贴上客户名字的标签。这种新颖独特的配香方式，以及打造个人专属香型的卖点颇受消费者喜爱，也受到业界关注。2015 年被雅诗兰黛集团收购后，该品牌产品线扩展到洗护用品、护肤品和家居产品。

SoulCycle 是一个精准的营销平台。这个从美国曼哈顿上西区起家的健身房，专门针对喜欢在高档环境里锻炼身体的自行车爱好者。这批健身者一般有足够的消费力，而大汗淋漓之后的沐浴，更能让人对产品产生好感。

2017 年，雅诗兰黛集团旗下品牌 Le Labo 与健身房展开合作，推出了健身房定制款洗护产品，并将其作为销售渠道。包括 Le Labo 为健身房定制的洗发水、护发素、身体和脸部清洁液、化妆水等。化妆品店的跨界体验式营销，成为众多化妆品店的新趋势。这种跨界合作方式，有助于品牌实现引流、提高消费体验。

美国 SoulCycle 健身房把所有健身房更衣室里的个护用品都换成 Le Labo 品牌，其中包括 Le Labo 为其定制的洗发水、护发素、身体和脸部清洁液、化妆水等，同时还添加了 SoulCycle 经典柑橘味的 Le Labo Bergamote 22 号香水。

对合作方 SoulCycle 健身房来说，越是细节的愉悦体验，越能让人们对健身房产生好感，并记住 SoulCycle。按照自行车课程按次收费的模式，Le Labo 的洗护用品也成了吸引人们来上课的一个原因。

以上两个案例再次说明，场景化定制可以看作是定制化发展趋势下的一个小分支。在特定场景下，消费者对于品牌的感受力会加强，甚至也可能慢慢形成用户黏性。而这对品牌来说，是有价值的。

涨价，脱离性价比苦海

说到价格，很多人立刻就会想到苹果手机。因为在手机行业，苹果手机虽然价格较高，但销售业绩居高不下。

2023 年 2 月 16 日，研究机构 Counterpoint 发布的一份报告显示，2022 年第四季度，在全球智能手机明显降温的情况下，苹果公司凭借优越的经营能力，独占了全球手机市场 85% 的利润。2022 年，全球智能手机出货量约为 12 亿部，同比下降了 12%，创下自 2013 年以来的最差年度业绩。然而，在全球手机市场爆冷的情况下，苹果公司的出货量、营收份额分别达到了18%、48%，创下了历史最高水平。

在手机市场整体受影响的时候，为什么苹果的份额会逆向增长？归根究底，手机市场也是有细分领域的，而苹果手机所在的领域恰恰受影响最小。

手机市场的细分上，分为高、中、低三个档次，小米就是最直接的低端手机市场企业，物美价廉是小米的特色；OPPO、ViVO、荣耀是中端手机市场玩家，价格相对较高，但性价比更高；苹果一直是高端手机市场玩家，手机定位就是奢侈品。

根据苹果手机排行榜数据，最便宜的iPhone12价格为4899元，最高的则达到了8999元；其他型号的价格都约为7000元，整体价格十分高昂。国内手机品牌，无论是华为还是荣耀，价格都在2000元至4000元区间徘徊，即使有高端价格款，也很难达到苹果手机的整体价格。

由于苹果手机定位成了奢侈品，购买苹果手机的用户多数是中产及富裕群体，这就带来了一个特殊的情况。疫情三年期间，多数人的收入都受到了影响，收入下降自然会影响消费，所以国内外手机市场的销量都在下滑。

但在这种情况下，中产阶层、有钱人阶层所受影响相对较小，依然消费得起苹果手机。苹果的用户群体稳定，即使遇到了挫折，依然可以继续消费苹果手机。

价格高昂的奢侈品、稳定的用户群体，使苹果公司的抗风险能力是行业中最强的；相比之下，其他手机品牌都因为疫情的影响，导致营收和利润下降。这一进一退之间，苹果公司拿下了全球85%的利润新高。

可见，涨价，确实是脱离性价比的秘诀。

还有一个典型案例，那就是华为HUAWEI Mate 60手机。

华为HUAWEI Mate 60手机是华为王者归来直接对标iPhone15系列的产品。该系列不仅让久违的麒麟处理器和5G功能重见光明，更在全球首发了"卫星通话"这一逆天功能，将普通手机变成了卫星手机。

2023年8月29日，华为宣布，为了纪念Mate系列手机累计发货达到一亿台，实施"先锋计划"，在华为商城销售Mate 60 Pro，每台售价6999元。结果在几乎零宣传的情况下，引发了广泛关注和抢购热潮。当时即便手中有钱，也很难原价买到华为Mate 60系列手机，整个市场简直是一机难求。

华为用一己之力唤醒了沉寂已久的手机市场，其实它之所以能引发关注和热议，一个焦点就是它的售价：起价6999元。这个售价超越了多数国产手机品牌的售价区间，直接站到高端手机台位上[目前手机市场通常将600美元（约合人民币4400元）以上手机归入高端手机行列]。过往数据显示，华为手机是国产手机品牌中第一个卖到5000元以上的手机，稳在高端手机定位。

2012年，余承东做出一个大胆的决定，不再给运营商做贴牌手机业务，坚持做华为自主品牌。在他的带领下，经过团队的不懈努力，华为手机坚持了高端手机的市场定位，不仅在国内高端手机市场上一度超过苹果，在欧洲、日本等海外市场也抢占了苹果、三星的市场份额。

当然，华为之所以能站稳高端手机市场，关键还在于独特价值，能凭借差异化的优势占领市场。当其他手机品牌还在追求配置和性能、打价格战的时候，华为手机致力于独有的麒麟芯片、鸿蒙系统以及固有的5G通信技术优势，而这些都需要持续的巨额投入和长期积淀。比如，2022年，华为的研发费用支出约为1615亿元，占全年收入比为25.1%；2020—2022年，处于困境中的华为，研发投入达4460亿元。

华为用事实告诉我们，技术创新虽然前期投入和风险巨大，可能还要经历较长的市场静默期和用户教育推广成本，但只要打开市场并树立起技术创新者的形象，即使价格高一些，也能为受众接收，带来广泛而深远的利益。

后 记

商业模式设计是连续变革管理

商业模式是一个相对较新的管理概念，迄今也不过短短二十来年的历史。但作为一种商业实践活动，商业模式自人类社会出现分工并产生商品交换起就一同产生了，只不过人们对此还没有清晰和系统化的概念认知。随着人类社会生产力的进步和商品市场的发育，商业模式一并随之演化和发展，比如，零售业从最初的集市小店开始，随后陆续发展出百货商店、连锁超市、电商等新兴业态。

理论是灰色的，而生活之树常青。商业模式实践也在一刻不停地演化发展，尤其是在当今这个数智化时代，各种商业模式创新也将像长江黄河一样奔流向前，永不停歇。商业模式是动态的，市场也是动态的，竞争格局同样是动态的，当所有这些都是动态的时候，创业者唯一能做的，就是不断学习成长。

成功的商业模式不会轻易改变，但也不是一成不变的。企业战略是动态的，商业模式也是动态演进的，它们都是一个随着势态的发展而不断滚动修正的过程。新商业模式可能随时会出现，技术、社会（尤其是人口统计学特征）、经济和法律框架的变化往往会带来新的价值创造机会，但要获得这些新的价值来源，通常需要全新的商业模式结构。

对创业者来说要把握好这样几件事情：一是要看清商业模式，打磨好基本功；二是要不断学习。创业要经历一段不断学习的过程，不管是外面的学习，还是发现自己本身的问题后而不断精进，一定要让你的学习速度赶得上企业发展的速度。

没有一个创业者从第一天就是一流的创业者，很多创业者都是从二流、三流开始的。他们虽然有很多缺陷或不足，但都秉承一种独特的优秀品质，且会将自己的优秀品质发扬光大，继而变成企业的气质和特质，这些气质和特质又会促使企业飞快发展。

人的一生受三种情绪的影响：对爱的渴望、对知识的探索和对人类苦难自然而然产生的怜悯之心。于创业者而言，坚持对知识的探索是最核心的能力。能成就大企业的创业者，除了拥有超强的学习能力外，更重要的是有一颗谦卑的心和有一种利他的思想。